Agir Coopérer Apprendre

L'atelier+

CAHIER D'ACTIVITÉS

A2

Marie-Noëlle Cocton
Coordination pédagogique

Émilie Marolleau

Émilie Pommier

Delphine Ripaud

Couverture : Primo & Primo
Maquette : Primo & Primo
Mise en page : Franck Delormeau, Atelier DES 2 ORMEAUX
Coordination éditoriale : Fabienne Boulogne
Édition : Christine Delormeau
Iconographie : Chloé Lecarpentier, Sarah Lembrouk, María Mora, Jade Vincent
Illustrations : Emmanuel Romeuf (couverture)
Documents iconographiques : Franck Delormeau
Enregistrements audio, montage et mixage : Studio Quali'sons, Jean-Paul Palmyre

« Le photocopillage, c'est l'usage abusif et collectif de la photocopie sans autorisation des auteurs et des éditeurs. Largement répandu dans les établissements d'enseignement, le photocopillage menace l'avenir du livre, car il met en danger son équilibre économique. Il prive les auteurs d'une juste rémunération. En dehors de l'usage privé du copiste, toute reproduction totale ou partielle de cet ouvrage est interdite. »

« La loi du 11 mars 1957 n'autorisant, aux termes des alinéas 2 et 3 de l'article 41, d'une part, que les copies ou reproductions strictement réservées à l'usage privé du copiste et non destinées à une utilisation collective » et, d'autre part, que les analyses et courtes citations dans un but d'exemple et d'illustrations, « toute représentation ou reproduction intégrale, ou partielle, faite sans le consentement de l'auteur ou de ses ayants droit ou ayants cause, est illicite. » (alinéa 1er de l'article 40) – « Cette représentation ou reproduction par quelque procédé que ce soit, constituerait donc une contrefaçon sanctionnée par les articles 425 et suivants du Code pénal. »

© Les Éditions Didier, une marque des éditions Hatier, 2022
ISBN 978-2-278-10825-1 / 978-2-278-10818-3
Dépôt légal : 10825/03 - 10818/03

Achevé d'imprimer en Italie en avril 2024 par L.E.G.O. (Lavis).

PAPIER À BASE DE FIBRES CERTIFIÉES

éditions didier s'engagent pour l'environnement en réduisant l'empreinte carbone de leurs livres. Celle de cet exemplaire est de :
850 g éq. CO_2
Rendez-vous sur www.editionsdidier-durable.fr

SOMMAIRE

UNITÉ 1 — J'ai une idée !
- SITUATION 1 .... p. 4
- SITUATION 2 .... p. 6
- SITUATION 3 .... p. 8
- MÉMO .... p. 10
- BILAN LINGUISTIQUE .... p. 12
- PRÉPARATION AU DELF .... p. 14

UNITÉ 2 — Vous avez deux minutes ?
- SITUATION 1 .... p. 16
- SITUATION 2 .... p. 18
- SITUATION 3 .... p. 20
- MÉMO .... p. 22
- BILAN LINGUISTIQUE .... p. 24
- PRÉPARATION AU DELF .... p. 26

UNITÉ 3 — Ça fait le buzz !
- SITUATION 1 .... p. 28
- SITUATION 2 .... p. 30
- SITUATION 3 .... p. 32
- MÉMO .... p. 34
- BILAN LINGUISTIQUE .... p. 36
- PRÉPARATION AU DELF .... p. 38

UNITÉ 4 — On change tout !
- SITUATION 1 .... p. 40
- SITUATION 2 .... p. 42
- SITUATION 3 .... p. 44
- MÉMO .... p. 46
- BILAN LINGUISTIQUE .... p. 48
- PRÉPARATION AU DELF .... p. 50

UNITÉ 5 — Ensemble, c'est mieux !
- SITUATION 1 .... p. 52
- SITUATION 2 .... p. 54
- SITUATION 3 .... p. 56
- MÉMO .... p. 58
- BILAN LINGUISTIQUE .... p. 60
- PRÉPARATION AU DELF .... p. 62

UNITÉ 6 — C'est trop beau !
- SITUATION 1 .... p. 64
- SITUATION 2 .... p. 66
- SITUATION 3 .... p. 68
- MÉMO .... p. 70
- BILAN LINGUISTIQUE .... p. 72
- PRÉPARATION AU DELF .... p. 74

UNITÉ 7 — Comme disait mon grand-père...
- SITUATION 1 .... p. 76
- SITUATION 2 .... p. 78
- SITUATION 3 .... p. 80
- MÉMO .... p. 82
- BILAN LINGUISTIQUE .... p. 84
- PRÉPARATION AU DELF .... p. 86

UNITÉ 8 — Si vous voulez bien...
- SITUATION 1 .... p. 88
- SITUATION 2 .... p. 90
- SITUATION 3 .... p. 92
- MÉMO .... p. 94
- BILAN LINGUISTIQUE .... p. 96
- PRÉPARATION AU DELF .... p. 98

Corrigés p. 100   **Transcriptions** p. 115

APPLICATION PRATIQUE !

1. Dans votre navigateur, saisissez **didierfle.app**

2. **Flashez la page** avec l'application et accédez aux ressources audios.

SITUATION ❶ Fêter un événement

Comprendre

1. ▶2 | **Écoutez et répondez.**

a. Comment s'appellent les deux hommes ?
....
b. On fête quel événement ?
....
c. Quelle est la surprise ?
....
d. Ils vont où ce soir ?
....
e. Où et à quelle heure est-ce qu'ils se retrouvent ?
....

S'exercer

DES IDÉES DE CADEAU

2. ⓐ À partir des indications, retrouvez les idées de cadeaux.

Horizontalement
1. un roman
2. en tablette ; noir, au lait ou blanc
3. lieu pour manger

Verticalement
4. une bague, un collier ou un bracelet
5. pour mettre son portefeuille, son rouge à lèvres, son agenda
6. un pull, une jupe ou une robe
7. beaucoup de fleurs
8. pour lire l'heure
9. pour se détendre
10. pour sentir bon

ⓑ ▶3 | **Écoutez le dialogue et répondez aux questions.**

a. Charlotte voulait acheter quel cadeau pour son père ?
....
b. Ce cadeau coûte combien ?
....
c. Pourquoi est-ce qu'elle ne le prend pas ?
....
....
d. Finalement, elle choisit quoi ?
....

UNITÉ 1

DES VERBES D'ACTION

3. Choisissez et conjuguez les verbes au présent pour compléter le message téléphonique.

hésiter | appeler | conseiller | acheter | s'occuper | réserver

> Salut Marie, je t'………………… pour l'anniversaire de papa. Est-ce que tu peux ………………… du cadeau ? Je ne sais pas quoi ……………… . J'……………… entre un parfum et une bonne bouteille de vin. Tu peux appeler Maman, si tu veux. Elle va te ……………… . Moi, je ……………… le restaurant. D'accord ?
> Bisous.

LE « E » MUET

4. ▶4 | Écoutez. Vous entendez combien de syllabes ?

- **a.** Un vêtement : ……
- **b.** Un bracelet : ……
- **c.** Un événement : ……
- **d.** Un bouquet de fleurs : ……
- **e.** Un maillot de bain : ……
- **f.** Un produit de beauté : ……

LES PRONOMS DIRECTS

5. Retrouvez l'événement ou l'objet de fête qui se cache derrière *le*, *la*, *les*.

- **a.** Je **le** fête chaque année.
  ……………………………………………………
- **b.** On **le** fête avec ses amis le 31 décembre.
  ……………………………………………………
- **c.** En France, on **la** célèbre le 14 juillet.
  ……………………………………………………
- **d.** J'adore **les** organiser pour mes amis.
  ……………………………………………………
- **e.** Je **les** mets sur le gâteau d'anniversaire.
  ……………………………………………………

6. Complétez par le pronom direct qui correspond.

- **a.** Nous ………… attendons depuis une heure. Est-ce que tu peux ………… rappeler, s'il te plaît ?
- **b.** Ses parents ? Je crois qu'elle ………… aime bien mais, ils ne ………… appellent pas souvent.
- **c.** Tu devrais ………… écouter plus souvent. Nous avons souvent de bonnes idées et nous ………… mettons régulièrement en pratique.
- **d.** J'ai l'impression que cette fille ………… regarde mais moi, je ne ………… connais pas.
- **e.** Cette histoire, je vais ………… raconter à mes amis. Ils vont ………… adorer !

DES MOTS DE LA MÊME FAMILLE

7. Complétez chaque liste par un verbe de la même famille.

- **a.** un réveil – un réveillon - *se réveiller*
- **b.** une fête – un festival - ………………
- **c.** un mari – un mariage - ………………
- **d.** un amour – une amitié - ………………
- **e.** un conseil – un conseiller - ………………

Produire

8. ▶5 | Écoutez et répondez, par écrit, aux questions posées.
……………………………………………………
……………………………………………………
……………………………………………………

9. Vous avez fêté l'anniversaire de votre frère. Racontez cet événement.
……………………………………………………
……………………………………………………
……………………………………………………
……………………………………………………

Mémoriser

10. a Observez.
Est-ce que vous **la** regardez souvent ?
➜ la télévision (une chose)
➜ cette femme (une personne)

b Complétez.
Je **les** écoute le matin, au petit déjeuner.
des choses ➜ …………
des personnes ➜ …………

c Complétez à l'oral en fonction des propositions.
Je … appelle demain.
- **a.** ma sœur
- **b.** toi
- **c.** mes parents
- **d.** ta sœur et toi

cinq **5**

 Planifier un repas

Comprendre

1. Lisez et cochez la bonne réponse.

La planification des repas, comment ?

Notre planificateur repas vous montre comment faire un menu de la semaine en trois étapes faciles.

1. L'inventaire
On dresse la liste des aliments déjà dans le frigo, congélateur et garde-manger.

2. Le menu
On choisit les repas de la semaine en cuisinant en premier les produits qui sont déjà dans le réfrigérateur.

3. L'épicerie
On écrit une liste d'aliments à acheter et on la met dans notre portefeuille pour ne pas l'oublier. On est maintenant prêt à aller faire l'épicerie.

https://fondationolo.ca, février 2019.

a. Il s'agit de planifier les repas pour :
❏ la journée. ❏ la semaine. ❏ le mois.

b. La planification s'organise en :
❏ une étape. ❏ deux étapes ❏ trois étapes.

c. L'objectif est de créer des menus à partir :
❏ de nouvelles recettes. ❏ des idées des amis.
❏ des ingrédients de la maison.

d. Quand la liste est prête, on la met :
❏ sur le frigo. ❏ dans le sac de courses.
❏ dans le portefeuille.

e. « Faire l'épicerie » *(expression québécoise)*, c'est :
❏ faire les courses. ❏ faire un gâteau.
❏ faire la vaisselle.

S'exercer

LA NOURRITURE

2. Complétez les menus avec les idées suivantes :

une tarte au citron meringuée | de la glace | une dinde aux champignons | un fruit | des crudités | du foie gras | le poisson du jour | une pizza

Menu chic	Menu rapide entre amis	Menu du marché
Entrée	Entrée *pas d'entrée*	Entrée ....
Plat	Plat	Plat ....
Dessert	Dessert	Dessert ....

3. Reliez l'ingrédient à l'aliment.

pomme de terre • tomate • blé • yaourt • tapenade • pain • chocolat • lait • sucre • olives • cacao • betterave à sucre • frites • coulis de tomates

UNITÉ 1

DES VERBES D'ACTION

4. Complétez les étapes de planification d'un repas à l'aide d'un verbe :
faire | calculer | acheter | planifier | lister

1. .... les aliments présents.
2. .... des menus pour la semaine.
3. .... les quantités.
4. .... une liste de courses.
5. .... les ingrédients au marché.

LES VOYELLES NASALES

5. ▶6 | Écoutez et répétez.

a. Tu en trouves ? d. Il y en a peu.
b. Tu en prends ? e. On en a un.
c. Il y en a trop. f. On en a onze.

6. ▶7 | Écoutez et soulignez les voyelles nasales.

a. Tu as réservé le restaurant ?
b. Tu as envoyé les invitations ?
c. Tu as acheté les ingrédients ?
d. Tu as fait la réservation ?
e. Tu as compté le nombre d'invités ?
f. Tu as vérifié les quantités ?

Comment ça s'écrit ?

[ɛ̃] : .... [ɑ̃] : .... [ɔ̃] : ....

LE PRONOM EN

7. Écrivez ces phrases en remplaçant le mot en italique par le pronom *en*.

a. Je mange *du pain* tous les jours au petit déjeuner.
....
b. Mes parents m'offrent toujours *beaucoup de cadeaux* à mon anniversaire.
....
c. Sa mère a huit *frères et sœurs*.
....
d. Il a acheté *des fleurs* pour la Saint-Valentin.
....

8. Répondez à ces questions à l'aide du pronom *en*.

a. Est-ce que vous avez un menu préféré ?
....
b. Est-ce que vous buvez du thé au petit déjeuner ?
....
c. Est-ce que vous apportez un cadeau quand vous êtes invité(e) à dîner ?
....
d. Est-ce que vous mangez des bananes ?
....

LES VERBES EN -YER

9. Conjuguez les verbes au présent de l'indicatif.

a. J' .... (envoyer) une invitation à mes amis pour les inviter à dîner samedi soir.
b. Le chef .... (essuyer) la vaisselle et .... (nettoyer) après le dîner.
c. Au restaurant, mes parents .... (payer) toujours par carte.
d. Nous .... (essayer) une nouvelle recette de cuisine.
e. Vous .... (employer) combien de serveurs dans votre restaurant ?

Produire

10. ▶8 | Écoutez les réponses et imaginez la question posée. Écrivez les questions et posez-les à votre voisin(e).
....
....
....
....
....
....

11. Enregistrez un podcast pour expliquer comment vous planifiez vos menus.

Mémoriser

12. a Observez.
J'**en** prends **un** le matin.
J'**en** mange souvent.

b Remplacez *en* et écrivez vos phrases.
....
....
....

c Complétez.
Verbe + ... = **EN** + verbe (+ nombre exact)

sept 7

ITUATION ❸   *Organiser une soirée*

Ma raclette
Organise facilement ta raclette !

Les étapes du processus

❶ Choisissez le lieu, la date et l'heure de votre raclette.
❷ Entrez les mails de vos invités.
❸ Un mail d'invitation sera automatiquement envoyé aux invités.
❹ Les invités répondent à un questionnaire : présence, appétit, végétarien…
❺ Une fois que tout le monde a répondu, vous recevrez automatiquement la liste des courses parfaite.
❻ Un mail de rappel vous sera envoyé, à vous et à vos invités, la veille de la raclette.

Formulaire à remplir

Ton mail* : ....

Ton prénom* : ....

Ton nom : ....

Adresse du lieu (chez vous ou au bureau)*** : ....

Date et heure de la raclette* : ....

Nombre d'invités (jusqu'à 12)*** : ....

Prénom 1* : ....

Mail 1* : ....

Pour finir, tu es plutôt* : ○ Gros mangeur
⠀⠀⠀⠀⠀⠀⠀⠀⠀⠀⠀⠀⠀⠀⠀⠀⠀⠀⠀⠀ ○ Moyen mangeur
⠀⠀⠀⠀⠀⠀⠀⠀⠀⠀⠀⠀⠀⠀⠀⠀⠀⠀⠀⠀ ○ Petit mangeur

As-tu un appareil à raclette ?* ○ Oui
⠀⠀⠀⠀⠀⠀⠀⠀⠀⠀⠀⠀⠀⠀⠀⠀⠀⠀⠀⠀⠀⠀⠀ ○ Non

C'EST PARTI !

* Veuillez remplir les champs obligatoires.

UNITÉ 1

Comprendre

1. **a** J'observe le visuel. Quel est l'ingrédient ?
....

b Je lis le titre. Quel est le lien entre le titre et l'ingrédient ?
....

c Je lis le formulaire. J'ai compris et je choisis.
  a. Le formulaire aide à organiser un événement.
  ❑ Oui. ❑ Non.
  b. La raclette est :
  ❑ un sport. ❑ un objet. ❑ un plat.
  c. Pour faire une raclette, j'ai besoin :
  ❑ d'un appareil.
  ❑ d'un four à micro-ondes.
  ❑ d'un livre.

2. **a** Remettez les étapes dans l'ordre.
  a. Envoyer une invitation.
  b. Recevoir un rappel.
  c. Recevoir la liste de courses.
  d. Fixer une date et un lieu.
  e. Compléter le formulaire détaillé.
  f. Indiquer les adresses de ses amis.

1.		4.	
2		5.	
3.		6.	

b Retrouvez le(s) verbe(s) au futur simple.
....
....
....

S'exercer

LE FUTUR SIMPLE

3. Transformez ce texte au futur simple.

Ce soir, des amis viennent manger une raclette. Avant leur arrivée, je me prépare. D'abord, je mets la table, je sors l'appareil à raclette, je fais cuire les pommes de terre et je coupe le fromage. Ensuite, je me brosse les dents, je me douche, je m'habille, je me coiffe et je me maquille.
Je suis prête !

Samedi soir, des amis ....
....
....
....
....
....
....

Produire

4. **a** Vous organisez une fête de famille. Décrivez les étapes d'organisation dans un texte au futur simple : parlez des personnes à inviter, des cadeaux à acheter et du menu à préparer.
....
....
....
....
....

b ▶9 | Vous téléphonez à un organisateur d'événement pour une soirée d'entreprise. Il vous pose des questions. Vous répondez à l'oral. Puis, vous écrivez vos réponses en faisant des phrases complètes.
....
....
....
....

Mémoriser

5. **a** Au petit déjeuner, vous mangez et buvez quoi ? Faites 5 phrases.
Exemple : *Je bois un café.*
....
....
....

b Indiquez les quantités exactes avec *en*.
Exemple : *J'en bois deux tasses.*
....
....
....
....

mémo

✓ J'agis

a **Mes événements de l'année**
- ☐ 1er janvier : le Nouvel An
- ☐ ....
- ☐ ....
- ☐ ....
- ☐ ....
- ☐ ....
- ☐ ....
- ☐ ....

c **Je liste 5 façons de dire MERCI !**

Merci

d **J'écris un remerciement :**
1. à ma mère
2. à un(e) ami(e)
3. à la nature.

b **Les anniversaires à ne pas oublier**

	Janvier	Février	Mars	Avril	Mai	Juin
Prénom						
Jour						

	Juillet	Août	Septembre	Octobre	Novembre	Décembre

✓ Je coopère

a **Dans la classe, je connais quelqu'un qui a déjà mangé :**
- des escargots
- une raclette
- une fondue chinoise
- des cuisses de grenouille
- Et d'autres choses bizarres comme…

b **Quel est votre cadeau préféré ?**
- Pour mon/ma voisin(e) de gauche, c'est …
- Pour mon/ma voisin(e) de droite, c'est …
- Pour mon/ma professeur(e), c'est …
- Et pour moi, c'est …

c **Nous décidons d'organiser une fête dans la classe. Le thème sera :**

Mille couleurs   Super-héros
Disco   La vie de château

d **Coopérer, c'est quoi pour vous ?**

Construire
Organiser
Ouvrir
Planifier
Ecouter
Réunir
Echanger
Réfléchir

UNITÉ 1

✓ J'apprends

JE SUIS...	JE PLANIFIE MON APPRENTISSAGE
super organisé(e) : c'est comme *organisé(e)* mais avec des *paillettes !*	○ J'ai un rituel d'apprentissage : le matin, je .... et le soir, je .... ○ Je fixe un jour pour apprendre le vocabulaire : c'est le .... ○ J'écoute la radio francophone 3 minutes au petit déjeuner. ○ J'active une sonnerie sur mon téléphone pour me rappeler qu'il est l'heure d'apprendre le français !
JE DÉCOUVRE DES STRATÉGIES	**J'APPLIQUE LES STRATÉGIES**
▶10 | Quand j'écoute un document, je pense à faire du lien avec ce que je connais déjà pour mieux comprendre. 	**a** Je regarde la photo et je compare avec le document audio. Je fais le lien. **b** Noël, c'est quand ? À Noël, en France, on fait quoi traditionnellement ? Pour répondre à la question, je pense aux fêtes traditionnelles françaises et je m'aide de la photo. **c** À Noël, en France, on mange quoi traditionnellement ? Je réfléchis. **Je sais** : j'écris quelques mots pour m'aider à comprendre. *bûche – foie gras – dinde* **Je ne sais pas** : j'écoute et je repère des verbes connus (*manger, boire*, etc.).

Je respire

C'est l'heure de la pause-goûter !
Préparez-vous un thé ou un café, accompagné d'une madeleine.

Recette de la madeleine

Ingrédients
    1 pincée de sel
    1/2 sachet de levure chimique
    125 g de beurre fondu
    3 œufs
    125 g de sucre
    200 g de farine

Étapes
1. Dans un saladier, mélangez la farine, la levure, le beurre, le sucre et les jaunes d'œufs.
2. Montez les blancs en neige avec le sel et ajoutez-les dans le saladier.
3. Versez dans un moule à madeleines.
4. Mettez au four (220°C) pendant 10 minutes.

Bon appétit !

Bilan LINGUISTIQUE

GRAMMAIRE

1 Remplacez les éléments soulignés par un pronom et réécrivez chaque phrase.

a. Charlotte invite <u>mes amis et moi</u> à son anniversaire.
....

b. À Noël, nous offrons <u>ce livre de voyage</u> à ma mère.
....

c. N'oublie pas de saluer <u>tes parents</u> pour moi.
....

d. Le professeur explique <u>la règle de grammaire</u> aux étudiants.
....

2 Complétez ces messages téléphoniques avec un pronom direct.

a. Bonjour, papa et maman. Je .... remercie pour le cadeau. Il est super !
b. Salut Marie, ça va ? Je .... appelle pour vendredi soir. Tu viens toujours ?
c. Assma, est-ce que tu peux .... rappeler s'il te plaît ? Nous sommes inquiets. Où tu es ?
d. Bonjour la petite famille ! On .... invite samedi soir à dîner. Vous êtes là ?
e. Eva, j'ai oublié mes clés sur la table de la cuisine. Tu peux .... prendre ?

3 Répondez aux questions. Utilisez le pronom *en*.

a. Je n'ai pas d'enfants. Et toi ? ....
b. Tu as eu beaucoup de cadeaux à Noël ? ....
c. Je vais faire un café. Tu veux un thé ? ....
d. Nous faisons des exercices tous les jours. Et vous ? ....
e. Vous voulez deux ou trois baguettes ? ....

4 Dans chaque liste, un verbe n'est pas au futur. Lequel ? Barrez-le.

a. il invitera – il dansera – il finira – il marcha
b. je viendrai – je jouais – je mangerai – je dormirai
c. nous nettoyons – nous déménagerons – nous visiterons – nous sortirons
d. vous serez – vous pourrez – vous venez – vous aurez
e. ils rentreront – ils prépareront – ils fêteront – ils s'occupent

LEXIQUE

1 Complétez les phrases avec un événement.

a. Hier, j'ai soufflé mes bougies. C'était mon ....
b. Elle était belle le jour de son .... , avec son mari.
c. Ça y est, nous avons changé d'année ! Aujourd'hui, c'est le ....
d. La fête du cinéma à Cannes ? Tu parles du .... de Cannes ?
e. Notre chef nous invite à une .... d'entreprise.

UNITÉ 1

2 Trouvez le verbe adapté.

Pour organiser un événement, il faut penser à :

a. .... un budget

b. .... une date

c. .... un restaurant

d. .... un lieu

e. .... des invitations

3 Indiquez, sous chaque symbole, le nom du lieu de l'événement.

a.	b.	c.	d.	e. ....

4 Dans les listes, sélectionnez les éléments pour chaque recette.

Pour faire une raclette, il faut :	Pour faire un moelleux au chocolat, il faut :
❑ du fromage	❑ de la farine
❑ du riz	❑ du riz
❑ du chocolat	❑ du chocolat
❑ des pommes de terre	❑ du sucre
❑ des fruits de mer	❑ des crudités

PHONÉTIQUE

1 ▶11 | **Écoutez et cochez ce que vous entendez.**

	d~~e~~	d<u>e</u>
a. Une trousse **de** toilette		
b. Un jeu **de** cartes		
c. Un livre **de** cuisine		
d. Tu veux un peu **de** fromage ?		
e. Je veux beaucoup **de** pâtes !		

2 Retrouvez les mots à l'aide des définitions et des indices.

a. Élément d'une recette : un [ɛ̃] | _ | [ɑ̃] ➔ ....

b. Endroit où on mange : un _ | _ | [ɑ̃] ➔ ....

c. Personne qu'on invite : un [ɛ] | _ | _ ➔ ....

d. Ce qu'on fait pour avoir une table au restaurant : une _ | _ | _ | [ɔ̃] ➔ ....

e. Unité de mesure d'un ingrédient liquide : un [ɑ̃] | _ | _ ➔ ....

treize 13

PRÉPARATION au DELF

Compréhension de l'oral 10 points

Répondez aux questions en cochant ☑ la bonne réponse ou en écrivant l'information demandée.

Exercice 1 5 points

▶12| Écoutez les messages laissés sur un répondeur et cochez dans le tableau l'événement qui correspond à chaque message.

	Anniversaire	Noël	Mariage	Soirée	Nouvel An
Message 1					
Message 2					
Message 3					
Message 4					
Message 5					

Exercice 2 5 points

▶13| Écoutez ces émissions de cuisine et complétez la liste des ingrédients.

Crêpes	Raclette
.... grammes de farine	.... grammes de fromage
.... œufs	.... kg de pommes de terre
½ sachet de levure	De la viande
1 pincée de sel	
.... cl de lait	

Compréhension des écrits 5 points

Pour répondre aux questions, lisez et écrivez l'information demandée.

Vous recevez ce message.

De : mnhumeau@courriel.com
À : charlotte@courriel.fr
Date : 04 janvier
Objet : Bonne année

Chère Charlotte,
J'espère que tu vas bien.
Je te souhaite une très bonne et heureuse année !
Je viens de passer un super Nouvel An avec des amis dans un casino près de Bordeaux. J'aimerais bien te voir quand je rentre à Paris. Je serai de retour dans une petite semaine. Est-ce que tu es libre samedi pour aller au cinéma ou bien aller dîner ?
Je t'embrasse.
Lilou

Répondez aux questions.

a. Qui écrit ?
....
b. À qui ?
....
c. À quelle occasion ?
....
....
d. Que propose la personne ?
....
e. Quand ?
....

UNITÉ 1

Production écrite 25 points

Vous recevez cette invitation.

Vous répondez à l'adresse indiquée. Vous remerciez et vous acceptez l'invitation. Vous demandez des précisions sur les horaires (60 mots minimum).

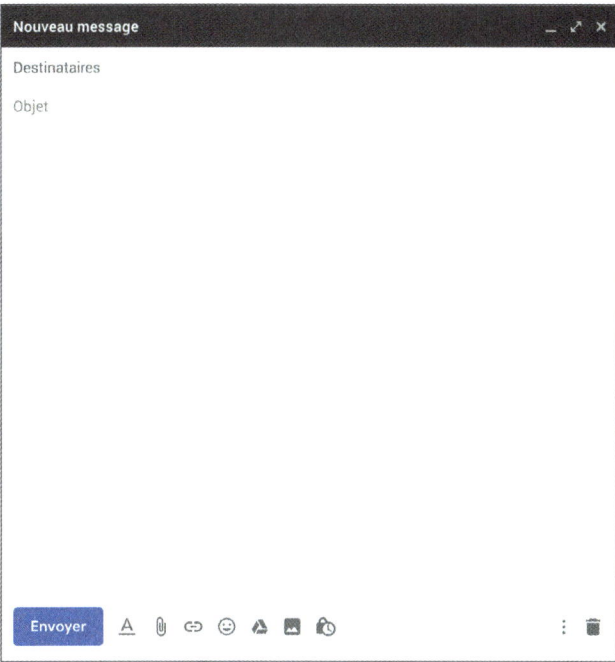

Production orale 25 points

▶ **PARTIE 1 — Entretien dirigé**

Après avoir salué votre examinateur, vous vous présentez (vous parlez de vous, de votre famille, de vos amis, de vos goûts, des animaux que vous aimez, etc.). L'examinateur vous posera des questions complémentaires.

▶ **PARTIE 2 — Monologue suivi**

Vous tirez au sort 2 sujets et vous en choisissez 1. Vous vous exprimez sur le sujet. L'examinateur peut ensuite vous poser des questions pour vous aider.

Sujet 1 : Événement
Est-ce que vous organisez souvent des soirées ? Lesquelles ?

Sujet 2 : Courses
Quels ingrédients achetez-vous souvent quand vous faites vos courses ? Pourquoi ?

▶ **PARTIE 3 — Exercice en interaction**

Choisissez un sujet. Jouez la situation avec l'examinateur.

Sujet 1 : Chez le pâtissier
Vous devez acheter un gâteau car vous êtes invité(e) à un repas chez un ami. Vous entrez dans une pâtisserie et vous demandez des renseignements sur les gâteaux au vendeur (taille, goût, prix...). *L'examinateur joue le rôle du vendeur.*

Sujet 2 : Dans un magasin
Vous devez acheter un cadeau pour l'anniversaire d'une amie mais vous hésitez. Vous téléphonez à un ami commun pour avoir des conseils. *L'examinateur joue le rôle de l'ami.*

ITUATION ❶ Parler d'une rencontre

Comprendre

L'utilisateur s'inscrit sur la plateforme pour accéder à son réseau social de voisinage.

Créée en 2014 par David Rouxel, l'application gratuite Smiile a pour objectif de dynamiser la vie locale et de créer du lien entre les habitants d'un quartier. « *En moins de deux mois, la vie de notre village a complétement changé* », raconte Denis, habitant d'Aubigné-sur-Layon. « *Aujourd'hui, tout le monde se connaît. Avec ce réseau, on peut créer des liens avec les nouveaux habitants, partager des objets, jardiner ensemble, se dépanner… On communique et on s'aide, tout simplement.* »

1. Lisez le texte et répondez.
   a. Smiile est : ❏ un réseau social. ❏ une application payante. ❏ un jeu en ligne.
   b. Smiile a pour objectif de : ❏ créer de l'emploi. ❏ rapprocher les gens. ❏ construire des villages.
   c. Pour utiliser Smiile, il faut : ❏ connaître un voisin. ❏ s'inscrire sur le site. ❏ avoir un objet à partager.
   d. Comment est-ce que le village a changé ?
   ....
   e. Donnez 4 exemples d'actions entre voisin(e)s.
   ....
   ....

S'exercer

LES PRONOMS RELATIFS *QUI, QUE, OÙ*

2. Observez l'image précédente. Cherchez et trouvez :
   a. Quelqu'un qui porte une robe bleue.
   b. Quelqu'un qui promène son chien.
   c. Une poussette où un bébé dort.
   d. Une boutique où l'on peut acheter des plantes.
   e. Un jouet que des enfants peuvent utiliser.

3. Complétez les phrases avec *qui, que, où*.
   a. L'exercice .... je fais est trop difficile.
   b. Est-ce que vous connaissez l'homme .... vient d'entrer ?
   c. La ville .... je vais se trouve au Canada.
   d. C'est un homme .... vend des aspirateurs.
   e. L'aspirateur .... tu as acheté est bruyant.
   f. Le métier .... m'intéresse est fatigant.
   g. C'est une application .... tout le monde connaît.

UNITÉ 2

DES PROFESSIONS

4. Nommez le maximum de professions.

....
....
....
....
....
....
....

5. Associez chaque métier à son activité principale.

a. un garagiste • • 1. filmer
b. un agriculteur • • 2. réparer
c. un artiste • • 3. peindre
d. un cinéaste • • 4. cultiver
e. un facteur • • 5. distribuer

LE SUFFIXE

6. Pour chaque mot, entourez le suffixe. Puis, trouvez un ou deux mot(s) de la même famille.

a. un chanteur ➜ ....
b. un jardinier ➜ ....
c. un fleuriste ➜ ....
d. un patineur ➜ ....
e. un horloger ➜ ....
f. un chirurgien ➜ ....

LES VOYELLES [y], [ø] ET [œ]

7. ▶14 | Écoutez. Dans quel ordre est-ce que vous entendez ces sons ?

	a.	b.	c.	d.	e.	f.
[y]						
[ø]						
[œ]						

8. a ▶15 | Écoutez et classez les mots dans le tableau.

[ø]	[œ]

b Comment ça s'écrit ? Associez.

[ø] • • « eu » à la fin d'une syllabe (géné<u>reux</u>), ou + avec le son [z] dans la même syllabe (coiff<u>euse</u>)

[œ] • • « eu » + consonne dans la même syllabe (coiff<u>eur</u>)

Produire

9. Décrivez une application qui crée du lien social. Utilisez des pronoms relatifs.

....
....
....
....
....

10. ▶16 | Écoutez la description des professions de la photo de l'exercice 4 et enregistrez une description pour les professions manquantes.

Mémoriser

11. a Observez.

C'est une personne **que** j'aime bien et **qui** vend des objets dans un magasin **où** ma sœur travaille.

b Complétez.

...... ➜ un sujet
...... ➜ un complément
...... ➜ un lieu

c Présentez votre voisin(e) avec les 3 pronoms relatifs.

Mon/Ma voisin(e), c'est ....
....
....

dix-sept **17**

SITUATION 2 — Raconter une anecdote

Comprendre

1. Regardez la photo et lisez le titre du livre.

a C'est où ?
....

b ▶17 | Écoutez et répondez.
  a. Que vient de faire la personne ?
  ....
  b. Est-ce qu'elle aime le livre ?
  ....
  c. Combien d'anecdotes est-ce que vous entendez ?
  ....

c Complétez la fiche d'informations du métro parisien.

Fiche d'informations
- DATE DE CRÉATION : ....
- NOM DE L'INGÉNIEUR : ....
- NOMBRE DE STATIONS FANTÔMES : ....

S'exercer

LE PASSÉ COMPOSÉ

2. *Être* ou *avoir* ? Choisissez et accordez le participe passé, si nécessaire.

Hier, ma sœur .... tombé... dans la rue à cause d'une peau de banane ! Elle .... eu... mal. Elle .... pris... le métro pour rentrer à la maison. Elle .... monté... dans sa chambre pour se reposer. Elle n'........ jamais descendu... . Alors, je .... allé... la voir, avec quelques gâteaux et un jus d'orange. Je suis un frère sympa ! Nous .... discuté.... un peu, nous .... bien ri... de sa chute et puis, je .... parti... . Elle .... dormi... toute la nuit. Ce matin, elle va beaucoup mieux !

3. Écrivez les participes passés de ces verbes.
a. naître ➜ ....
b. pouvoir ➜ ....
c. dire ➜ ....
d. raconter ➜ ....
e. descendre ➜ ....

> Attention, au passé composé, l'adverbe se place entre l'auxiliaire et le participe passé.

4. Transformez les phrases au passé composé.
a. Nous nous promenons pendant une heure.
....
b. Ma sœur s'occupe souvent de moi.
....
c. Elle se démaquille en cinq minutes.
....
d. Rachelle, pourquoi est-ce que tu te mets en colère ?
....
e. Vous vous endormez à quelle heure ?
....

5. Choisissez le bon verbe et complétez les phrases au présent (indicatif ou impératif).

cuire I conduire I traduire

a. Le conducteur de bus .... les élèves à l'école tous les matins.
b. Ils .... des textes en français.
c. Nous .... les gâteaux avant de les manger !
d. Attention aux virages ! Ne .... pas trop vite, s'il te plaît !
e. .... ce document en français !

UNITÉ 2

DES MOYENS DE TRANSPORT

6. Complétez l'abécédaire des moyens de transport utilisés au quotidien ou pour le sport. Puis, ajoutez l'article (*un*, *une*) qui convient.

..... A..................   ..... Jet-ski   ..... R..................
..... B..................   ..... Kayak   ..... S..................
..... C..................   ..... Locomotive   ..... T..................
..... Deltaplane   ..... M..................   ..... ULM
..... Escalator   ..... Navire   ..... V..................
..... F..................   ..... Omnibus   ..... W..................
..... Galère   ..... P..................   ..... Yacht
..... H..................   ..... Quad

7. ▶18 | Écoutez et associez un dessin à une activité liée au transport.

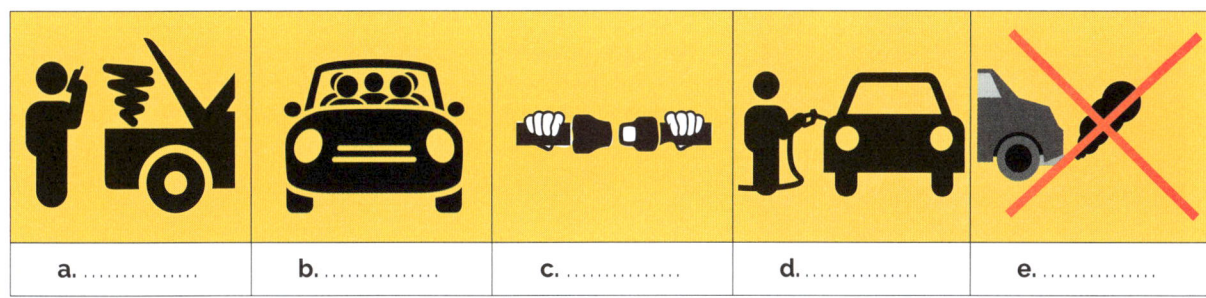

a. .... b. .... c. .... d. .... e. ....

LES CONSONNES [k] ET [g]

8. ▶19 | Écoutez et dites si la prononciation est identique (=) ou différente (≠).

	a.	b.	c.	d.	e.	f.
=						
≠						

9. **a** Lisez. Soulignez le son [k] et entourez le son [g].

 Vous pouvez acheter vos tickets de métro et votre carte Navigo dans les gares RATP. Rendez-vous aux comptoirs d'accueil et aux guichets : tous nos agents sont à votre disposition !

b Comment ça s'écrit ? Complétez.
[k] = ... + a, o, u ; ...... ; ......
[g] = ... + a, o, u

Produire

10. ▶20 | Écoutez cette anecdote. À votre tour, écrivez une anecdote au passé composé liée à un moyen de transport.

....
....
....
....

11. Enregistrez votre anecdote. Mettez de l'émotion dans votre voix !

Mémoriser

12. **a** Associez.

je suis •
je me suis •

• sorti(e)
• promené(e)
• parti(e)
• tombé(e)
• rappelé(e)

b Trouvez l'intrus.
se réveiller | devenir | courir | rester | rentrer

Faire un portrait

Comprendre

Deux fois par semaine, il rend visite à Annette. Ensemble, ils partagent un café accompagné de quelques biscuits au chocolat. Après la deuxième tasse, Guillaume, [...] demande à sa voisine si elle est allée au cinéma. Elle lève les yeux
5 de la cafetière et commence à parler. Le jeune homme boit les paroles qui sortent de la grosse bouche de cette femme étonnante [...] L'esprit d'Annette est aussi brillant que son apparence physique est désagréable. Seuls ses yeux, perdus dans un visage mou et flou, laissent deviner
10 sa grande intelligence [...]
L'idée de la présenter vêtue de ses habits aux couleurs horribles, avec ses cheveux secs et mal coiffés ne lui fait pas peur [...]
Annette observe avec un plaisir évident son jeune voisin.
15 Elle lui montre d'un geste tendre la chaise face à elle. Elle lave rapidement la cafetière à l'eau froide, puis la pose sur la cuisinière. Elle aime plus que tout observer, dans la lumière bleue du gaz, le visage aux grands yeux sombres de Guillaume.
20 Elle ne parvient pas à croire qu'elle reçoit chez elle un homme d'une telle beauté [...]

Laure Mi Hyun Croset, *Après la pluie, le beau temps*,
« Mondes en VF », éditions Didier, 2016.

1. a J'observe la couverture.
   a. Quel est le titre ? ....
   b. Qui est l'auteur ? ....
   c. Quel est l'objet sur la photo ? ....

b Je lis le texte. J'imagine :
   a. le lieu : ....
   b. les odeurs : ....
   c. les objets : ....
   d. les personnages : ....

2. a À l'aide des informations du texte, complétez le portrait d'Annette.
Cheveux :
....
Bouche :
....
Yeux :
....
Vêtements :
....
Visage :
....

b Comment est Guillaume physiquement ?
....
....

S'exercer

L'IMPARFAIT

3. a Soulignez les verbes conjugués du début du texte à la ligne 10.

b Réécrivez ces verbes à l'imparfait.
....
....
....
....
....

Attention aux sons !			
g + a =	le son [g]	c + a =	le son [k]
g + e + a =	le son [z]	ç + a =	le son [s]

UNITÉ 2

Produire

4. Vous décrivez Guillaume à partir des informations que vous connaissez. Écrivez son portrait à l'imparfait.

Guillaume était un jeune homme…

....
....
....
....
....
....
....

5. a ▶21 | Écoutez les descriptions. Associez une description à une photo.

1	2	3	4	5
....	....	....	....	....

6	7	8	9	10
....	....	....	....	....

b Écrivez une description pour une photo de votre choix.

....
....
....
....

c Enregistrez votre description et écoutez-vous !

Mémoriser

6. a Lisez.

C'était un homme étrange.
Il était tout petit.
Il avait de grands yeux et portait un chapeau noir.

b Pour faire un portrait :
– C'est un homme / une femme
– Il / elle a + un nom
– Il / elle est + un adjectif
– Il / elle porte

c Mémorisez 3 adjectifs :
– couleur : ....
– qualité physique : ....
– qualité morale : ....

vingt et un **21**

mémo

J'agis

a Nommez trois métiers que vous ne ferez jamais.
a. ....
b. ....
c. ....

b Dans ma vie, j'aurai plusieurs métiers. Je serai…

ingénieur   artiste

c Trouvez et décrivez un métier.
a. qui est difficile : ....
b. qui est drôle : ....
c. qui est ennuyeux : ....

d Inventez un métier à l'aide d'un verbe et d'un nom.
Exemple : *pousser – métro = pousseur de gens dans le métro.*
....
....

Je coopère

a Dans la classe, il y a …

a. Combien d'étudiants ont :
les cheveux blonds ? .... bruns ? ....
noirs ? .... roux ? ....
b. Combien d'étudiants ont :
les yeux bleus ? ....
marrons ? ....
verts ? ....
gris ? ....
c. Combien d'étudiants sont :
grands ? ....
petits ? ....
de taille moyenne ? ....

b Complétez la liste. Dans la classe, il y a des étudiants :
○ sérieux   ○ intelligents
○ ....   ○ ....
○ ....   ○ ....

c Faites le portrait d'une personne de votre classe à votre voisin(e). Il devine qui c'est !

d Et vous, vous êtes comment ?
Écrivez un petit texte pour vous présenter physiquement et moralement.
....
....
....
....
....

UNITÉ 2

J'apprends

JE NE SUIS PAS…

…timide
C'est juste que je ne parle pas aux inconnus !

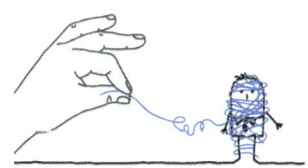

J'ENGAGE LA CONVERSATION

a Complétez ces 5 phrases.
1. Je suis désolé(e) de vous déranger ! ....
2. ....
3. ....
4. ....
5. ....

b Donnez 3 sujets-clés.
1. Il fait beau aujourd'hui !
2. ....
3. ....

JE DÉCOUVRE DES STRATÉGIES

Avant de lire, j'observe le contenu global du document et je nomme les éléments à voix haute : photo, chiffre, date, prix, lieux, prénoms ou noms, actions et message.

J'APPLIQUE LES STRATÉGIES

c Cochez la case correcte. Justifiez votre choix.

a. Le titre est en lien avec la photo.   ☐ oui ☐ non
b. Le magazine est gratuit.   ☐ oui ☐ non
c. Le magazine parle de voyages.   ☐ oui ☐ non
d. Le magazine répond à une question.   ☐ oui ☐ non
e. Le magazine est paru en :   ☐ 2019 ☐ 2020

Je respire

C'est l'heure de faire une pause !

▶ 22 | Fermez les yeux et écoutez le portrait de Madeleine Dumont. Imaginez-la !
Regardez les quatre photos. Selon vous, qui est Madeleine Dumont ? Pourquoi ?

a.

b.

c.

d.

vingt-trois **23**

Bilan LINGUISTIQUE

GRAMMAIRE

1 Complétez avec *qui* ou *que*.
   a. Je fais du covoiturage avec une fille .... habite dans mon quartier.
   b. Dans le train, j'ai rencontré quelqu'un .... je n'oublierai jamais.
   c. La Bretagne, c'est une région .... j'apprécie beaucoup.
   d. Ahmed est un voisin .... connaît bien Patricia.
   e. Comment s'appelle l'homme .... t'a laissé un message hier ?

2 Soulignez le pronom relatif qui convient.
   a. C'est un musée [que / où] j'aimerais bien visiter.
   b. Tu dois absolument aller dans le restaurant [que / où] j'ai mangé l'autre jour.
   c. C'est le livre [que / où] je voudrais offrir à Amélie.
   d. Tu peux me donner le nom de l'entreprise [que / où] tu travailles ?
   e. La cinéaste s'arrête dans des villages [que / où] elle rencontre des gens.

3 Remettez les mots dans l'ordre.
   a. Ils | ce | réveillés | matin. | sont | ne | pas | se ➔ ....
   b. pas | vous | perdus ? | Vous | ne | êtes ➔ ....
   c. les | ne | pas | partis | Bruxelles. | enfants | Finalement, | sont | à ➔ ....
   d. l' | avez | Pierre | vu | hier ? | Vous | à | institut ➔ ....
   e. pris | bus | Olivier | pour | chez | lui. | rentrer | a | le ➔ ....

4 Accordez si nécessaire.
   a. Elle est monté...... dans le train de 7 h 27.
   b. Ils se sont rencontré...... dans un aéroport.
   c. Isabelle n'est jamais venu...... me chercher.
   d. Et finalement, j'ai raté...... mon train.
   e. Il est tombé...... dans l'escalier mais heureusement, il n'a rien.

5 Conjuguez les verbes à l'imparfait.
   a. Petite, j' [avoir] .... les cheveux longs.
   b. Autrefois, les femmes ne [porter] .... pas de pantalon.
   c. Quand ils [être] .... petits, les enfants [rire] .... tout le temps.
   d. En Espagne, nous ne [manger] .... pas de paëlla mais ici, nous en mangeons souvent.
   e. Papa, est-ce que tu [boire] .... du lait, petit ?

LEXIQUE

1 Trouvez les 5 professions à l'aide des définitions.
   a. Il travaille dans un magasin et vend des roses à la Saint-Valentin. ➔ ....
   b. Il travaille dans une ferme, s'occupe des animaux (vaches, cochons...) et cultive des céréales. ➔ ....
   c. Il répare des montres. ➔ ....
   d. Il distribue des lettres et des cartes postales. ➔ ....
   e. Il joue dans des films ou au théâtre. ➔ ....

UNITÉ 2

2 Nommez 5 moyens de transport. ☆☆☆☆☆

a. .... b. .... c. .... d. .... e. ....

3 Décrivez cette personne en 5 phrases. ☆☆☆☆☆

....
....
....
....
....

4 Trouvez les 5 qualités morales.

Horizontalement

1. qui a du charme

2. qui ne fait pas beaucoup de bruit

3. qui ne rit pas, qui est appliqué dans son travail

Verticalement

4. qui est amusant

5. qui réfléchit, pense, comprend

5 Associez.

a. conduire • • 1. le moteur
b. allumer • • 2. le plein
c. mettre • • 3. une voiture
d. rouler • • 4. à gauche
e. faire • • 5. sa ceinture

☆☆☆☆☆

PHONÉTIQUE

1 ▶23 | Écoutez. Dans quel ordre entendez-vous ces sons ?

a. [y] : n°...... [œ] : n°......
b. [y] : n°...... [œ] : n°......
c. [ø] : n°...... [œ] : n°......
d. [ø] : n°...... [œ] : n°......
e. [y] : n°...... [ø] : n°...... [œ] : n°......

2 ▶24 | Écoutez. Vous entendez quel son au début des mots ? ☆☆☆☆☆

a. ☐ [k]   ☐ [g]
b. ☐ [k]   ☐ [g]
c. ☐ [k]   ☐ [g]
d. ☐ [k]   ☐ [g]
e. ☐ [k]   ☐ [g]

vingt-cinq **25**

PRÉPARATION au DELF

Compréhension de l'oral   10 points

Répondez aux questions en cochant ☑ la bonne réponse ou en écrivant l'information demandée.

Exercice 1   5 points

▶ 25 | **Vous allez entendre deux fois un document. Il y a 30 secondes de pause entre les deux écoutes puis vous avez 30 secondes pour vérifier vos réponses.**

Quelle photo correspond au message que vous entendez ?

a. ....   b. ....   c. ....   d. ....   e. ....

Exercice 2   5 points

▶ 26 | Écoutez et retrouvez les 5 personnes grâce aux descriptions.

UNITÉ 2

Compréhension des écrits — 5 points

Vous lisez l'annonce suivante. Répondez aux questions.

BlaBlaCar — Rechercher — Proposer un trajet

dim. 5 avril
- 10:00 — Rue Bonneels 10, 1210 Saint-Josse-ten-Noode, Belgique (Saint-Josse-ten-Noode)
- 13:40 — Quai de la Gare, 75013, Paris, France (Paris)

1 place restante — 21,50 € par place

Françoise * 4,6 / 5 27 avis
Bonjour, je suis déjà un peu chargée mais ma voiture peut contenir une grosse valise par personne. N'oubliez pas votre pièce d'identité pour passer la frontière ! À dimanche !

Contactez le conducteur

a. Qui propose un trajet ?
....
b. Il reste combien de places ?
....
c. À quelle heure est le départ ?
....
d. Combien de bagages sont autorisés ?
....
e. Qu'est-ce qu'il ne faut pas oublier ?
....
....

Production écrite — 25 points

Vous publiez une petite annonce pour proposer un trajet à partir de ces informations.

Production orale — 25 points

▶ **PARTIE 1 — Entretien dirigé**

Après avoir salué votre examinateur, vous vous présentez (Vous parlez de vous, de votre profession et de vos trajets maison-travail). L'examinateur vous posera des questions complémentaires.

▶ **PARTIE 2 — Monologue suivi**

Vous tirez au sort 2 sujets et vous en choisissez 1. Vous vous exprimez sur le sujet. L'examinateur peut ensuite vous poser des questions pour vous aider.

Sujet 1 : Covoiturage — Est-ce que vous faites souvent du covoiturage ?
Sujet 2 : Moyen de transport — Quel est votre moyen de transport préféré ? Pourquoi ?

▶ **PARTIE 3 — Exercice en interaction**

Choisissez un sujet. Jouez la situation avec l'examinateur.

Sujet 1 : En voiture. Vous faites du covoiturage avec une personne que vous ne connaissez pas. Vous engagez la conversation. *L'examinateur joue le rôle du conducteur.*

Sujet 2 : Dans une station de métro. Vous venez d'arriver à Paris, pour une semaine. Vous demandez à l'employé de la compagnie de métro comment faire pour acheter des tickets. *L'examinateur joue le rôle de l'employé.*

SITUATION 1 — Comparer des médias

Comprendre

1. Lisez le document. Répondez aux questions.

a. Comment s'appelle le média ?
....

b. C'est quel genre de média ?
....

c. Combien coûte la formule par mois ?
....

d. Quel abonnement est le plus économique ?
☐ mensuel ☐ annuel ☐ aucun

e. La formule donne accès à quoi ?
....

f. Quel jour est distribué la formule papier de *Télérama* ?
....

g. Quel est le cadeau ?
....

Télérama
Le meilleur de l'actualité culturelle

Formule papier + numérique

8,25 € par mois
ou 1 an à 99,00 €

Je m'abonne

En cadeau
hors-serie
Joan Miró

✓ Télérama papier chez vous chaque mercredi
✓ L'accès à tous les articles, critiques et newsletters sur tous nos supports

Voir plus d'avantages

S'exercer

LA COMPARAISON

2. Complétez ces comparaisons.

a. (+) À la télévision, il y a .... images .... à la radio.
b. (−) Dans la presse écrite, on trouve .... fausses informations .... sur les réseaux sociaux.
c. (=) Lire un magazine prend .... temps .... lire un journal.
d. (+) Certaines stations de radio sont .... intéressantes .... d'autres.
e. (=) Ce magazine coûte .... cher .... celui-ci.

3. Comparez l'abonnement à *Télérama* avec les deux magazines suivants. Écrivez 5 comparaisons.

Inrockigibles
FORMULE INTÉGRALE
Le magazine culturel papier chez vous tous les mercredis
+
la version digitale
abonnement 1 an - 49 numéros
sans cadeau - 88,20 euros

LE MAG'

Offre papier

75 € abonnement 6 mois

26 numéros
+ 1 cadeau

....
....
....

UNITÉ 3

LES MÉDIAS ET LES RÉSEAUX SOCIAUX

4. a Remettez les lettres dans l'ordre pour former des verbes.

a. RCEGTEALHRE

....

b. RRREEEHHCC

....

c. RECÉTUO

....

d. SRRNCIIE

s' ....

e. NNEECCRTO

se ....

b Faites des phrases avec ces verbes.

....
....
....
....
....

5. Associez les éléments.

a. Un auditeur • • 1. La presse écrite
b. Un spectateur • • 2. Internet
c. Un lecteur • • 3. La radio
d. Un internaute • • 4. La télévision

6. ▶27 | Écoutez le document et complétez le tableau.

Personne	1	2	3
Nom de la radio			
Nom de l'émission			
Thème			
Durée			

LES VOYELLES [u], [o] ET [ɔ]

7. ▶28 | Écoutez. Dans quel ordre entendez-vous ces sons ?

	a.	b.	c.	d.	e.	f.
[u]						
[o]						
[ɔ]						

8. a ▶29 | Écoutez et classez les mots dans le tableau.

[o]	[ɔ]

b Comment ça s'écrit ? Associez.

[o] •   • « o » + consonne dans la même syllabe

[ɔ] •   • « ô », « au », « o » à la fin d'une syllabe

Produire

9. ▶30 | Et vous, vous écoutez quoi ? Enregistrez vos réponses.

10. Nommez les journaux ou magazines que vous aimez lire. Expliquez pourquoi. Comparez-les. Écrivez un texte (environ 60 mots).

Mémoriser

11. a Observez.
Soulignez le comparatif.
J'ai moins de likes que toi.
Je suis moins populaire.
Tu communiques moins bien que moi !

b Transformez les phrases précédentes au comparatif de supériorité (+) puis au comparatif d'égalité (=).

....
....
....

SITUATION 2 — Communiquer en réseau

Comprendre

1. a Regardez l'illustration et choisissez un titre.
- ☐ Je suis dans mon téléphone.
- ☐ Je veux un téléphone.
- ☐ Je suis accro à mon téléphone.

RADIO + | Info Sport Émissions

Accueil > Émissions > L'addiction au téléphone

L'addiction au téléphone

b ▶31 | Écoutez le document et répondez aux questions.

a. Quelle est la première chose que beaucoup de 18-34 ans font au réveil ?
....

b. Ils sont combien à faire ça ?
....

c. Selon le reportage, nous sommes inscrits à combien de réseaux ?
....

d. Selon le reportage, nous passons combien d'heures sur les réseaux ?
....

e. Quelles sont les trois règles proposées ?
....
....
....
....

2. ▶32 | Écoutez la personne et répondez aux questions.

a. L'homme a quitté quel réseau ?
....

b. Pour quelle raison ?
....
....

c. À quels réseaux sociaux est-il abonné aujourd'hui ?
....

d. Pour quelle raison ?
....
....

e. Quelle est sa profession ?
....

S'exercer

L'IMPÉRATIF ET LES PRONOMS DIRECTS

3. Transformez les phrases à l'impératif suivi d'un pronom pour remplacer les mots soulignés.

a. Vous suivez <u>l'actualité</u> tous les jours.
....

b. Tu déconnectes <u>ton téléphone</u> la nuit.
....

c. Nous <u>nous</u> abonnons à ce réseau.
....

d. Vous éteignez <u>la télévision</u> après 22 h.
....

e. Tu recharges <u>ta batterie de téléphone</u>.
....

4. a Remettez ces mots dans l'ordre pour former une phrase à l'impératif négatif.

a. pas / connectez / la / ne / le / nuit
....!

b. sur / ne / inscris / réseau / pas / t' / ce
....!

c. avant / les / pas / regardez / de / ne / dormir
....!

d. l' / écoute / pas / fort / ne / aussi
....!

e. sur / télécharge / les / pas / ordinateur / ne / ton
....!

b Imaginez ce que remplace le pronom direct dans chaque phrase.

UNITÉ 3

5. Donnez des instructions à un(e) ami(e) pour l'aider à bien utiliser Instagram à l'aide des verbes suivants et des icônes :

a. envoyer ➜ ....
b. suivre ➜ ....
c. prendre ➜ ....
d. partager ➜ ....
e. cliquer ➜ ....
f. consulter ➜ ....

LES VERBES EN -OIR

6. Conjuguez ces verbes en -*oir* au présent de l'indicatif ou de l'impératif

a. (voir) .... avec elle pour changer de téléphone, s'il te plaît !
b. Tu .... (recevoir) combien de notifications par jour ?
c. Facebook me .... (décevoir) : cette application n'évolue pas.
d. On (apercevoir) .... Pierre sur cette photo !
e. (Recevoir) .... votre newsletter en cliquant ici !

LES EMPRUNTS

7. Retrouvez les mots empruntés à la langue anglaise à partir de ces définitions.

a. aimer une publication ➜ ....
b. un arrêt sur la route ➜ ....
c. une lettre d'informations ➜ ....
d. le samedi et le dimanche ➜ ....
e. un téléphone intelligent ➜ ....

LES SEMI-VOYELLES [ɥ], [w] ET [j]

8. ▶33 | Écoutez et dites si la prononciation est identique (=) ou différente (≠).

	a.	b.	c.	d.	e.	f.
=						
≠						

9. a Lisez. Soulignez le son [ɥ], entourez le son [w] et encadrez le son [j].

Quel réseau social choisir ?

Twitter permet de suivre tous les utilisateurs. C'est un outil de promotion efficace pour les médias.

Viadeo est un réseau social professionnel. Il permet de réseauter ou de chercher un emploi.

Instagram est une application mobile de photo.

Medium est un réseau social pour les écrivains, pour la publication d'articles ou d'histoires.

Airbnb permet de louer un appartement ou une maison dans le monde entier.

b Comment ça s'écrit ? Associez.

[ɥ] • • « i » + voyelle dans la même syllabe

[w] • • « w » ; « oi » ; « ou » + voyelle dans la même syllabe

[j] • • « u » + voyelle dans la même syllabe

Produire

10. Enregistrez un podcast pour raconter votre quotidien avec les réseaux sociaux.

11. Rédigez un texte (environ 60 mots) pour raconter votre expérience avec un réseau social que vous avez décidé de quitter.

Mémoriser

12. a Observez.
Suis-le !
Ne le suis pas !

b Imaginez.
le =
une chose : ....
une personne : ....

c Le pronom se place après le verbe à l'impératif .... et avant le verbe à l'impératif ....

trente et un **31**

SITUATION 3 — Poser des questions

Comprendre

PHILHARMONIA

mercredi 6 février — France 2 — 21.00

Comment êtes-vous devenue violoniste ?
Lorsque j'ai eu 6 ans, mes parents m'ont inscrite à des cours de musique. La musique m'a appris la patience. Quand vous êtes gamine et que tous vos copains rentrent chez eux à 16 h 30 pour goûter alors que vous, vous allez au conservatoire pour vos cours de solfège, vous ne remerciez pas vos parents !

En quoi le violon demeure-t-il un partenaire dans votre vie ?
Je joue surtout quand je ne vais pas bien, car le violon me permet de m'adoucir et de ne plus penser à mes problèmes.

Et cette série, de quoi parle-t-elle ?
C'est l'histoire d'une femme, Hélène Barizet, qui est devenue cheffe d'orchestre et qui veut transmettre sa passion à une autre femme, moi, premier violon. Mais elle a un passé difficile et des secrets de famille…

C'est la star de la série *Philarmonia*. Lina El Arabi, 23 ans, violoniste et actrice, prouve qu'elle a bien plus d'une corde à son arc. Retrouvez-la mercredi 6 février 2019, sur France 2, à 21 h. […]

D'après Isabelle Dhombres, www.telestar.fr, 6 février 2019.

1. a J'observe la photo et je lis le chapeau pour comprendre.

Nom de la série : ....
Jour de diffusion : ....
Horaire de diffusion : ....
Chaîne de diffusion : ....

b Sans lire le texte, je regarde la ponctuation des phrases en bleu.

Il s'agit d'une : ❏ enquête. ❏ interview.

c Je lis les trois questions posées. Je comprends le lien entre la photo et la série.

La série parle de ....

2. a Connaissez-vous cette série ?
....
....

b Répondez aux questions.

a. Comment s'appelle l'actrice ?
....
b. Elle a quel âge ?
....
c. Elle a appris le violon dans quel lieu ?
....
d. Elle a commencé à jouer du violon à quel âge ?
....
e. Quand est-ce qu'elle joue du violon ?
....
f. Dans la série, elle joue quel rôle ?
....
g. Dans la série, comment s'appelle la cheffe d'orchestre ?
....

S'exercer

LES QUESTIONS INVERSÉES

3. a Observez les trois questions. Soulignez le sujet et le verbe.
   a. Comment êtes-vous devenue violoniste ?
   b. En quoi le violon demeure-t-il un partenaire dans votre vie ?
   c. Et cette série, de quoi parle-t-elle ?

b Quel petit mot doit-on rajouter dans les questions b. et c. ? Pourquoi ?
....

c Réécrivez toutes les questions de l'activité 2b. à la forme inversée.
   a. *Comment s'appelle l'actrice ?*
   ➜ *Comment s'appelle-t-elle ?*
   b. ....
   c. ....
   d. ....
   e. ....
   f. ....
   g. ....

4. Retrouvez, dans le texte, une forme impérative. Que remplace le pronom direct ?
....
....

Produire

5. a ▶34 | Écoutez les questions posées et répondez.
   a. ....
   b. ....
   c. ....
   d. ....
   e. ....

b Relisez le document p. 32 et rédigez un article similaire pour le magazine *Télé Mag*.
   – Commencez par une introduction pour présenter l'acteur ou l'actrice dans la série. Indiquez le jour, l'heure et la chaîne de diffusion.
   – Écrivez trois questions.
   – Imaginez les réponses de l'acteur ou de l'actrice.

TÉLÉ MAG
....
....
....
....
....
....
....
....
....
....
....
....

Mémoriser

6. a Observez.
Cette série parle de quoi ?
De quoi parle cette série ?
De quoi parle-t-elle ?

b Une question inversée :
.... + ...
Attention ! -t- .

c Relisez le texte. Mémorisez :
– 1 verbe : ....
– 1 adjectif : ....
– 1 adverbe : ....

mémo

J'agis

a Je nomme les médias que je connais. J'indique les pays francophones.

radiofrance   RADIO-CANADA

RTS Radio Télévision Suisse   TV5MONDE

rfi   FRANCE 24

b Je sélectionne mes rubriques préférées :
- ❑ société
- ❑ maison / décoration
- ❑ environnement / nature
- ❑ actualité internationale
- ❑ santé / bien-être
- ❑ sport
- ❑ économie
- ❑ mode
- ❑ culture

c Je nomme les médias que je consulte régulièrement :
- Presse écrite : ....
- Radio : ....
- Réseaux sociaux : ....
- Télévision : ....

Je coopère

a Dans la classe, je connais quelqu'un qui utilise :
- ○ Snapchat   ○ Instagram
- ○ Facebook   ○ Whatsapp
- ○ Pinterest   ○ Aucun réseau social

Je nomme d'autres réseaux utilisés dans la classe : ....

b Quel est votre réseau préféré ?
Pour mon/ma voisin(e) de gauche, c'est .....
Pour mon/ma voisin(e) de droite, c'est ....
Pour mon/ma professeur(e), c'est ....
Et pour moi, c'est ....

c Nous décidons d'utiliser un réseau social pour la classe.
Ce sera ....

d Sur ce réseau, nous allons, tour à tour, publier « un mot du jour ». Regardez l'exemple. Mes prochains mots seront :

....
....
....

UNITÉ 3

J'apprends

JE SUIS...

...curieux(euse)
J'ai envie découvrir le monde et de m'informer.

JE M'INFORME

Pour bien m'informer, je pense à faire quoi ?
- consulter des sites internet, des livres, des dictionnaires, des sources variées
- comparer les informations
- partager mes informations avec les autres
- ....
- ....

J'UTILISE DES STRATÉGIES

Avant de lire, je regarde toujours les informations suivantes :
– auteur(e),
– date,
– source.

> Depuis des années, Jack s'obligeait à écrire tous les soirs une dizaine de pages. Quoiqu'il arrive, qu'il pleuve ou qu'il neige, il prenait son stylo et écrivait.
>
> Marc Rosso, *Les souvenirs de Jack*, éditions du Carrefour, juin 2019..

auteur — source — date

J'APPLIQUE LES STRATÉGIES

_ DES JEUNES VIENNENT DE RECONSTRUIRE LA CATHÉDRALE NOTRE-DAME DE PARIS EN UNE NUIT. _

#intox, 10 juin 2019, Source : gg66

a. Quelle est la date ?
....
b. Quelle est la source ?
....
c. Vous connaissez cette source ?
....
d. Est-ce que cette information est vraie ? Pourquoi ?
....

Je respire

**C'est l'heure de faire une pause-écran.
Regardez une série francophone en français !**

SYNOPSIS

Paris, dans un futur proche. Il est maintenant possible de déchiffrer le code de l'amour : il suffit de mettre un micro-robot dans le cerveau humain pour trouver le partenaire idéal.
Le problème : le micro-robot accède à notre vie privée et personnelle (secrets, souvenirs...). Que va-t-il se passer ?

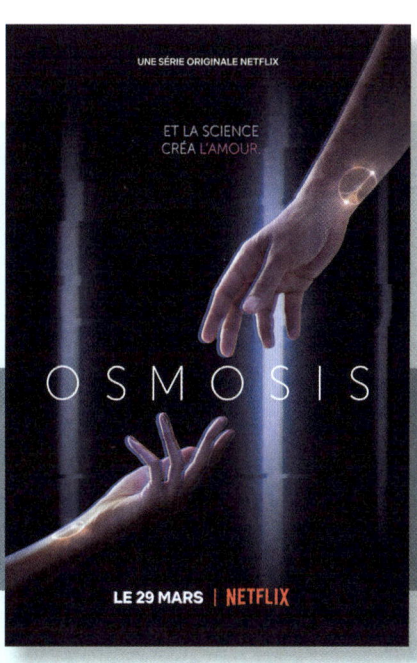

Bilan LINGUISTIQUE

GRAMMAIRE

1 Comparez les réseaux sociaux.
   a. Facebook est ……… (+) ancien ……. Snapchat.
   b. Facebook a ………. (+) d'abonnés ……. Snapchat.
   c. Il y a ………. (=) d'utilisateurs sur Snapchat ……. sur Instagram.
   d. L'application Whatsapp est ……… (-) jolie ……. Instagram.
   e. L'application Pinterest est ……… (=) esthétique ……. Instagram.

2 Rédigez à l'impératif des instructions utiles à l'abonné.
   a. suivre – nous – sur Whatsapp ➜ ……………………… !
   b. abonner – vous – à notre newsletter ➜ ……………………… !
   c. ne pas – télécharger – de contenu illégal ➜ ……………………… !
   d. commenter – nos vidéos – en direct ➜ ……………………… !
   e. ne pas – éteindre – votre écran ➜ ……………………… !

3 Transformez ces phrases à l'impératif. Changez le mot souligné par un pronom.
   a. Tu lis le journal tous les jours. ➜ ………………………
   b. Vous ne publiez pas ces photos. ➜ ………………………
   c. Nous regardons cette série. ➜ ………………………
   d. Tu ne suis pas ce youtuber. ➜ ………………………
   e. Elle ne télécharge pas cette série. ➜ ………………………

4 Trouvez les questions à partir des mots soulignés. Mettez-les à la forme inversée.
   a. Je télécharge deux nouvelles applications. ➜ ………………………
   b. Elle parle trois langues. ➜ ………………………
   c. Il regarde cette série. ➜ ………………………
   d. Nous écoutons les infos le matin. ➜ ………………………
   e. Elle lit un magazine. ➜ ………………………

5 Conjuguez les verbes au présent de l'indicatif.
   a. Il …………. (recevoir) un appel de l'étranger.
   b. Nous …………. (apercevoir) une lumière.
   c. Cette application me …………. (décevoir).
   d. Mes parents …………. (recevoir) des amis demain.
   e. Je ne …………. (recevoir) jamais de lettres.

LEXIQUE

1 Nommez les 4 médias ci-dessous et le nom des utilisateurs.

……………………… ➜ ………………………
……………………… ➜ ………………………
……………………… ➜ ………………………
……………………… ➜ ………………………

UNITÉ 3

2 Trouvez le verbe de la même famille et son contraire, si indiqué. ☆☆☆☆☆

   a. une information ➔ ....
   b. une discussion ➔ ....
   c. une communication ➔ ....
   d. un abonnement ➔ .... ≠ ....
   e. une connexion ➔ .... ≠ ....

3 Indiquez, sous chaque symbole, l'action par un verbe. ☆☆☆☆☆

a.	b.	c.	d.	e. ....

4 Complétez avec des formats de médias. ☆☆☆☆☆

   a. Dans un journal, je peux lire des ....
   b. À la radio, j'aime bien écouter .... pour m'informer.
   c. Au journal télévisé, il y a souvent des .... réalisés par les journalistes à l'étranger.
   d. Avec Twitter, je peux envoyer un ....
   e. Je me suis inscrite à la .... du *Monde* pour recevoir des informations régulièrement.

PHONÉTIQUE

1 ▶35 | Écoutez. Vous entendez quel(s) son(s) ? ☆☆☆☆☆

   a. ❏ [u]   ❏ [o]   ❏ [ɔ]
   b. ❏ [u]   ❏ [o]   ❏ [ɔ]
   c. ❏ [u]   ❏ [o]   ❏ [ɔ]
   d. ❏ [u]   ❏ [o]   ❏ [ɔ]
   e. ❏ [u]   ❏ [o]   ❏ [ɔ]

2 ▶36 | Écoutez. Vous entendez quel son ? ☆☆☆☆☆

   a. ❏ [ɥ]   ❏ [w]   ❏ [j]   d. ❏ [ɥ]   ❏ [w]   ❏ [j]
   b. ❏ [ɥ]   ❏ [w]   ❏ [j]   e. ❏ [ɥ]   ❏ [w]   ❏ [j]
   c. ❏ [ɥ]   ❏ [w]   ❏ [j]

3 À quel son correspond la lettre soulignée ? ☆☆☆☆☆

   a. Tu écoutes la rad<u>io</u> ?   ❏ [o]   ❏ [ɔ]
   b. Tu regardes la télév<u>i</u>sion ?   ❏ [j]   ❏ [ɥ]
   c. Tu devrais lire ces tém<u>oi</u>gnages.   ❏ [u]   ❏ [w]
   d. Attention : c'est une inf<u>o</u>x ! ❏ [o]   ❏ [ɔ]
   e. Il a t<u>wi</u>tté !   ❏ [u]   ❏ [w]

PRÉPARATION au DELF

Compréhension de l'oral   10 points

Répondez aux questions en cochant ☑ la bonne réponse ou en écrivant l'information demandée.

Exercice 1   5 points

▶ 37 | **Voici cinq extraits d'émissions radiophoniques. Quel est le genre de l'émission ? Reliez chaque extrait à celui qui lui correspond.**

Extrait 1 •   • a. Jeu
Extrait 2 •   • b. Bulletin d'information
Extrait 3 •   • c. Interview
Extrait 4 •   • d. Publicité
Extrait 5 •   • e. Reportage

Exercice 2   5 points

▶ 38 | **Voici l'extrait d'une émission. Lisez les questions, écoutez l'extrait puis répondez aux questions.**

1. Comment s'appelle l'émission ? ☐ Le téléphone sonne ☐ Le smartphone ☐ Au bout du fil
2. Quel est le sujet de l'émission ? ....
3. Combien de personnes sont invitées ? ....
4. Ils ont quel âge ? ....
5. Quel est le problème ? ....

Compréhension des écrits   5 points

Répondez aux questions en cochant ☑ la bonne réponse ou en écrivant l'information demandée.

Lisez le programme et répondez.

1. Comment s'appelle le film sur France 3 diffusé à 21 h 05 ?
   ....
2. À quelle heure commence le deuxième film sur France 2 ?
   ....
3. Combien de temps dure *Une vie d'Annette* ?
   ....
4. Quelle chaîne propose seulement des séries ?
   ....
5. La série *Kepler(s)* est-elle rediffusée ?
   ....

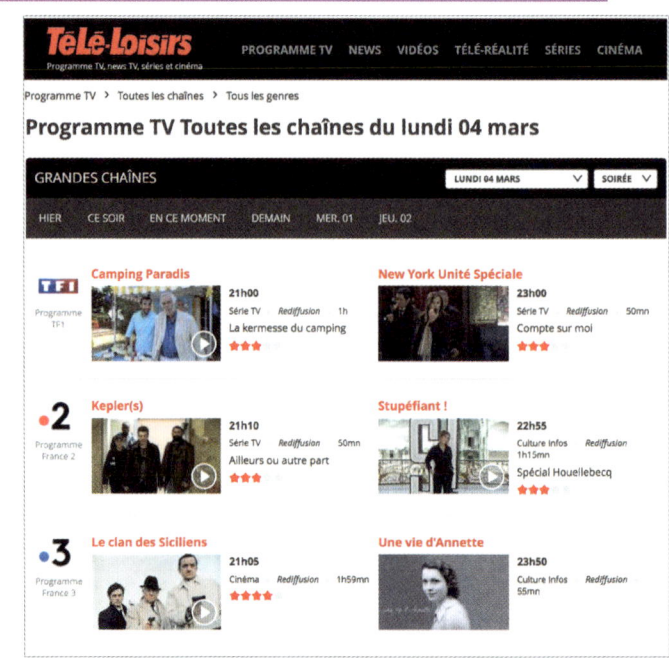

38 trente-huit

UNITÉ 3

Production écrite
25 points

Vous avez participé à une expérience « Vivre sans téléphone pendant 8 jours ».

Vous racontez votre semaine sur votre blog pour vos amis francophones. Vous expliquez pourquoi vous avez participé à cette expérience et ce que vous avez fait pendant la semaine. Vous donnez vos impressions sur cette expérience. (60 à 80 mots)

Le blog de passion-téléphone
Le blog de tous les fans de téléphone

Accueil   À propos   Forum   Mon expérience   Recherche

Vivre sans téléphone pendant 8 jours

....
....
....
....
....
....

Production orale
25 points

▶ **PARTIE 1 — Entretien dirigé**

Après avoir salué votre examinateur, vous vous présentez (vous parlez de vous, de vous goûts et de vos applications préférées). L'examinateur vous posera des questions complémentaires.

▶ **PARTIE 2 — Monologue suivi**

Vous tirez au sort 2 sujets et vous en choisissez 1. Vous vous exprimez sur le sujet. L'examinateur peut ensuite vous poser des questions pour vous aider.

Sujet 1 : Les réseaux sociaux
Est-ce que vous êtes beaucoup connecté(e) aux réseaux sociaux ?

Sujet 2 : Les médias
Quels sont les médias que vous consultez ?

▶ **PARTIE 3 — Exercice en interaction**

Choisissez un sujet. Jouez la situation avec l'examinateur.

Sujet 1 : Au festival de Cannes
Vous rencontrez votre acteur préféré au festival de Cannes. Vous lui posez des questions pour connaître sa profession et pour parler de son dernier film. *L'examinateur joue le rôle de l'acteur.*

Sujet 2 : Dans un bureau de presse
Un client voudrait acheter un magazine. Il ne sait pas quel magazine choisir. Vous comparez des magazines. Vous l'aidez dans son choix. *L'examinateur joue le rôle du client.*

 ITUATION ❶   Raconter son parcours

Comprendre

1. a ▶39 | **Écoutez et répondez.**

a. Quelle est la profession de Leila ?
....
b. Quand est-ce qu'elle a commencé ?
....
c. Quel diplôme a-t-elle a obtenu ?
....
d. Où est-ce qu'elle est allée ensuite ?
....
e. Qu'est-ce qu'elle a appris ?
....

b Écoutez à nouveau le document et remettez le parcours de Leila dans l'ordre.

a. Elle a eu son diplôme.
b. Elle est devenue propriétaire de son restaurant.
c. Elle a appris à faire des recettes gastronomiques.
d. Elle a fait un baccalauréat professionnel.
e. Elle a commencé la cuisine.

1	2	3	4	5

S'exercer

PARLER DE SON PARCOURS

2. Associez un mot à sa définition.

a. Discipline scolaire •   • 1. fondateur(trice)
b. Diplôme qu'on obtient à la fin du lycée •   • 2. matière
c. Personne qui enseigne à l'école primaire •   • 3. baccalauréat
d. Personne qui a créé une entreprise •   • 4. instituteur(trice)

DES PROFESSIONS

3. Remettez les lettres dans l'ordre pour retrouver une profession.

a. GTNESINEAN ➔ ....
b. LCMEOMRIAC ➔ ....
c. CLOSLIERNE ➔ ....
d. PTREEUNRENER ➔ ....

DES VERBES D'ACTION

4. Qu'est-ce qu'ils peuvent faire ? Associez chaque situation à une action possible :

a. Quentin a beaucoup de projets et est un bon entrepreneur. •   • 1. démissionner
b. Elsa n'aime plus son travail. •   • 2. créer son entreprise
c. Abdel aimerait avoir un meilleur salaire. •   • 3. travailler dans le médical
d. Ninon est passionnée par la médecine. •   • 4. demander une augmentation

UNITÉ 4

L'ENCHAÎNEMENT VOCALIQUE

5. ▶40 | Écoutez et notez les enchaînements vocaliques ⌢.
   a. Il est organisé.
   b. Elle est efficace.
   c. Un métier incroyable.
   d. Un examen ennuyeux.
   e. Un boulot intéressant.
   f. Une université internationale.

6. ▶41 | Écoutez, notez les enchaînements vocaliques ⌢, puis répétez.
   a. J'ai passé un examen.
   b. J'ai démissionné en 2019.
   c. J'ai créé une compagnie.
   d. Tu as eu un diplôme ?
   e. Tu as étudié à l'université ?
   f. Tu as passé un entretien ?

LES INDICATEURS DE TEMPS

7. Conjuguez les verbes des phrases suivantes au passé composé ou à l'imparfait.
   a. Quand .... (être – je) à l'école primaire, ... (préférer – je) le français aux mathématiques.
   b. Pendant ses études à l'université, ... (rencontrer – elle) des professeurs qui .... (marquer) sa vie.
   c. Un jour, ... (décider – il) de changer de vie et .... (partir – il) travailler à l'étranger.
   d. Sophie .... (étudier) la médecine pendant 3 ans, mais l'année dernière .... (arrêter – elle) pour devenir ingénieure.
   e. Il y a deux mois, ... (trouver – je) un travail au Luxembourg alors .... (quitter – je) ma région d'origine.

8. a Complétez le texte avec le bon indicateur de temps : *pendant, il y a, depuis*.
.... cinq mois, j'ai décidé de réaliser mon rêve et de créer ma boutique de chaussures. C'est un rêve que j'ai .... mon enfance. J'ai travaillé dans une boutique .... 5 ans et j'ai adoré cette expérience. Alors maintenant je suis fière d'être propriétaire de mon magasin !

b Écrivez des phrases à partir des informations suivantes et avec *depuis, il y a* ou *pendant*.
   a. (présent) trois mois – elle – apprendre le piano : ....
   ....
   b. (passé composé) deux mois – il – terminer ses études : ....
   ....
   c. (passé composé) quinze ans – vous – travailler dans cette entreprise :
   ....
   ....
   d. (passé composé) cinq ans – je – être footballeur professionnel :
   ....
   ....

LES PARTICIPES PASSÉS

9. ▶42 | Écoutez et notez les participes passés que vous entendez.
....
....
....

Produire

10. Décrivez le métier de vos rêves.

11. Choisissez une personne de votre famille ou un(e) ami(e) et enregistrez son parcours.

Mémoriser

12. Associez.
   a. J'aime cuisiner depuis mon enfance. •
   b. Il y a 3 ans, j'ai décidé d'ouvrir mon restaurant. •
   c. Quant j'étais petite, j'étais très curieuse. •
   d. J'ai étudié la cuisine pendant 2 ans. •

   • 1. une action ponctuelle dans le passé
   • 2. une durée non terminée
   • 3. une situation dans le passé

quarante et un **41**

SITUATION 2 — Découvrir ses qualités

Comprendre

1. Lisez et cochez la bonne réponse.

a. Ce texte parle :
- ☐ des compétences du futur.
- ☐ des métiers du passé.
- ☐ des métiers à la mode.

b. Cette entreprise cherche des personnes qui :
- ☐ sont en retrait.
- ☐ aiment connaître de nouvelles choses.
- ☐ sont douées en négociation.

c. Quelle compétence souligne la femme à la fin du document ?
- ☐ Savoir créer.
- ☐ Savoir prendre des décisions.
- ☐ Savoir travailler en équipe.

« Les compétences de demain : savoir s'adapter et travailler en équipe »

Interview de Mari-Noëlle Jégo-Laveissière, responsable de l'innovation chez Orange

Quels types de compétences recherchez-vous ?

On recrute des développeurs, des datascientists, des experts en cybersécurité, et aussi des designers. Des personnes curieuses, avec la capacité à s'adapter dans un monde qui bouge. On le sait, les métiers vont changer très vite, et dans quelques années certains n'existeront plus. Il faudra donc avoir une vraie capacité d'adaptation, savoir travailler en mode projet. Cela semble peut-être évident, mais aujourd'hui, les formations ne mettent pas toujours en avant l'esprit d'équipe, essentiel selon moi.

Le Monde, février 2018.

S'exercer

DES QUALITÉS ET DES COMPÉTENCES

2. Associez une compétence à une description.

- **a.** Sophie s'intéresse aux idées de ses collègues, elle écoute toujours ce qu'ils disent.
- **b.** Julien sait travailler avec les autres.
- **c.** Emma est capable de faire beaucoup de choses dans une journée.
- **d.** Marc aime prendre des décisions.
- **e.** Alex sait bien planifier les activités de sa journée.

1. être un leader
2. être organisé(e)
3. avoir l'esprit de collaboration
4. avoir le sens de l'écoute
5. être productif(ive)

3. Pour chaque activité ci-dessous, identifiez deux qualités ou compétences que l'on peut développer.

a.
b.
c.
d.

UNITÉ 4

DES VERBES D'ACTION

4. Complétez avec un verbe qui exprime le même sens que la première phrase.

   a. Cette entreprise veut employer deux ingénieurs. = Cette entreprise veut .... deux ingénieurs.

   b. Yanis aime collaborer avec ses collègues. = Yanis aime .... en équipe.

   c. Jade rencontre les recruteurs pour parler de ses qualités et de son expérience. = Jade .... un entretien.

   d. Eva est organisée, elle termine toujours tout ce qu'elle doit faire = Eva réussit à .... ses objectifs.

LES GROUPES CONSONANTIQUES ET LES CONSONNES /R/ ET [l]

5. ▶43 | Écoutez. Dans quel ordre entendez-vous ces sons ?

	a.	b.	c.	d.	e.	f.
[R]	2					
[l]	1					

6. ▶44 | Écoutez et observez. Dans quel mot y a-t-il un groupe consonantique ? Cochez.

   a. ☐ un professeur   ☐ un personnage
   b. ☐ une caractéristique   ☐ un recrutement
   c. ☐ un commercial   ☐ une fondatrice
   d. ☐ une difficulté   ☐ un entretien
   e. ☐ Il est réfléchi.   ☐ Il est coopératif.
   f. ☐ Elle est organisée.   ☐ Elle est en retrait.

LES PRONOMS INDIRECTS

7. ▶45 | Écoutez et notez les quatre pronoms indirects que vous entendez.

   ....
   ....

8. ⓐ Réécrivez les phrases suivantes, remplacez l'élément souligné par un pronom indirect.

   a. J'ai téléphoné à <u>ma sœur</u> hier soir.
   ....
   ....

   b. Elle a demandé de l'aide à <u>ses parents</u>.
   ....
   ....

   c. Il a envoyé un mail à <u>son directeur</u>.
   ....
   ....

ⓑ Complétez le dialogue avec des pronoms indirects.

   – Salut Andréa, qu'est-ce que tu veux faire ce soir ?
   – Je .... propose d'aller au cinéma.
   – Super, on invite Marc ?
   – Oui, je vais .... envoyer un message. J'espère qu'il va .... répondre !
   – Tu .... diras s'il est d'accord ?
   – Oui, à ce soir !

Produire

9. ▶46 | Écoutez et répondez aux questions. Enregistrez vos réponses.

10. Décrivez les qualités et les compétences nécessaires pour exercer le métier de vos rêves (60 mots environ).

Mémoriser

11. ⓐ Trouvez trois adjectifs pour décrire une qualité ou une compétence.

   C....................   S....................
   E....................

ⓑ Complétez avec un pronom indirect.

Je voulais parler à ma sœur hier soir alors je ...... ai téléphoné.

ⓒ Associez.

moi •   • vous
vous •   • leur
ils/elles •   • me

quarante-trois **43**

SITUATION 3 — Exprimer une obligation

Comprendre

QUE FAITES-VOUS POUR VOTRE BIEN-ÊTRE AU TRAVAIL ?

1. Je dois positiver ☐
Je choisis d'avoir un regard positif et je remplace les pensées négatives.

2. Il faut prendre du temps pour moi ☐
Il est indispensable d'avoir du temps en dehors du travail pour respirer, faire du sport, méditer.
La vie ce n'est pas métro, boulot, dodo !

3. Je pense à sourire ☐
Le sourire est essentiel pour ressentir de la bonne humeur !
Et en plus, c'est contagieux !

4. Je fais des pauses ☐
Il est important de se détendre pour être efficace toute la journée.

5. Je passe du temps avec mes collègues ☐
Pour bien travailler ensemble, il est indispensable de passer de bons moments avec ses collègues.

6. Je planifie ☐
Pour ne pas être stressé(e), il faut écrire les choses à faire dans la journée ou dans la semaine.

---

1. a J'observe la photo. Où sont-ils ?
....
....

b Je lis le titre. Quel est le lien entre le titre et le lieu ?
....
....

c Je lis la liste. J'ai compris et je choisis.
a. Ce document m'invite à :
  ☐ répondre aux questions.
  ☐ cocher les actions réalisées.
  ☐ choisir la bonne réponse.
b. C'est une liste :
  ☐ d'actions essentielles.
  ☐ d'activités amusantes.
  ☐ de tâches à faire.

UNITÉ 4

2. Vrai ou faux ? Justifiez vos réponses.

a. Le document parle d'organisation.
❑ Vrai. ❑ Faux.
....

b. Dans la liste, il n'y a que des actions à faire sur le lieu de travail.
❑ Vrai. ❑ Faux.
....

c. Le bien-être au travail est individuel et collectif.
❑ Vrai. ❑ Faux.
....

d. Le document parle d'optimisme.
❑ Vrai. ❑ Faux.
....

3. Cochez dans le document les actions que vous réalisez pour vous sentir bien.

S'exercer

L'OBLIGATION

4. ⓐ Soulignez les expressions d'obligation dans le texte p. 44.

ⓑ Transformez ces phrases à l'impératif en obligations. Utilisez les mots suivants.

devoir | il faut | il est essentiel de | il est indispensable de

a. Pensez à prendre vos congés.
....

b. Personnalisez votre espace de travail.
....

c. Mettez des plantes dans votre bureau.
....

d. Allez prendre l'air deux fois dans la journée.
....

e. Mangez des aliments sains.
....

LES REGISTRES DE LANGUE

5. La phrase est en langage familier ou courant ? Choisissez.

	familier	courant
a. Mon pote est parti travailler à l'étranger.		
b. Est-ce que ton frère a trouvé du travail ?		
c. J'adore mon boulot !		
d. Dans ma boîte, on a des pauses yoga tous les jours.		

Produire

6. Votre ami(e) vous demande de l'aide pour se sentir mieux au travail. Vous lui donnez quelques conseils et expliquez comment vous organisez vos journées. Enregistrez vos réponses.

7. Vous rédigez une liste de choses à faire pour être heureux dans la vie. Utilisez l'obligation.

Pour être heureux dans la vie :
- ....
- ....
- ....
- ....
- ....

Mémoriser

8. ⓐ Citez trois actions pour se sentir bien au travail.
....
....
....

ⓑ Complétez pour exprimer une obligation.

Vous .... prendre des congés.
Il est .... de faire des pauses.
Il .... prendre du temps pour soi.

quarante-cinq

mémo

J'agis

a Mon parcours. J'écris cinq dates clés de mon parcours sur la frise.

b Je cite quatre réussites dans ma vie qui me rendent fier/fière.
1. ....
2. ....
3. ....
4. ....

c Mes six façons de féliciter. Je fais la liste.
1. ....
2. ....
3. ....
4. ....
5. ....
6. ....

d J'écris trois messages de félicitations pour :
1. Mon ami(e) qui a obtenu son diplôme :
....
2. Mon frère qui a eu un bébé :
....
3. Mon/Ma voisin(e) qui a eu une bonne note :
....

Je coopère

a Nos parcours. Dans la classe, combien de personnes ont...
- habité à l'étranger ? ....
- une expérience professionnelle ? ....
- appris à jouer d'un instrument de musique ? ....
- réalisé un projet ? ....
- appris plusieurs langues ? ....

b « Qui suis-je » ?
Je demande aux personnes de mon groupe de me définir avec une qualité. Je récolte les réponses.

c « Ce que je sais faire ». Je coche les réponses qui me correspondent :
○ Je suis doué(e) pour mémoriser les conjugaisons.
○ Je sais vérifier l'orthographe des mots.
○ Je suis doué(e) en grammaire.
○ Je sais m'organiser et planifier mes journées.
○ Je sais écouter les autres.
○ Je suis doué(e) pour expliquer.

d Apprenons à connaître nos compétences. Je cherche quelqu'un dans la classe qui :
○ sait bien s'organiser.
○ sait écouter les autres.
○ est créatif(ive).
○ est doué(e) pour aider à comprendre.
○ est optimiste.
○ est un leader.

UNITÉ 4

✓ J'apprends

JE SUIS…

…détendu(e) parce que je me sens prêt(e) !

JE DÉCOUVRE DES STRATÉGIES

Je repère les éléments qui donnent des informations sur l'ordre des actions, la chronologie.

JE ME PRÉPARE

Je lis attentivement les questions et les réponses proposées.
- Pour chaque question, j'identifie le type d'information demandée : est-ce que l'information porte sur une personne ? un lieu ? une date ? l'heure ? un verbe d'action ?
- Quand j'écoute, je me concentre sur les informations qui concernent les questions. Si je ne comprends pas tout, ce n'est pas un problème.

J'APPLIQUE LES STRATÉGIES

a ▶47 | **J'écoute le document et je fais attention aux temps utilisés.**

b **Je note les informations qui concernent les dates, les durées et les indicateurs de temps.**

....
....

c **Je reconstitue la chronologie du document.**

a. ....   b. ....

c. ....

Je respire

Fermez les yeux et pensez à vos qualités. Choisissez les deux qualités qui vous rendent vraiment fier(ère).

Pensez à une phrase pour vous auto-complimenter.

Bilan

LINGUISTIQUE

GRAMMAIRE

1 Associez les éléments pour former des phrases.

a. Juliette a étudié à Lyon
b. Malo est chef d'entreprise
c. Mon cousin est parti travailler à l'étranger
d. Sofiane a commencé le football
e. Rose aime cuisiner

1. quand il était enfant.
2. pendant cinq ans.
3. il y a trois mois.
4. depuis l'année dernière.
5. depuis son enfance.

2 Complétez avec : *il y a* (x2), *depuis*, *quand* ou *pendant*.

a. Clément a commencé à travailler dans cette entreprise .... trois ans.
b. Marion joue du piano .... son enfance.
c. .... elle était jeune, Laurianne aimait cuisiner avec sa mère.
d. Matthieu est ingénieur, il a étudié .... 5 ans pour avoir son diplôme.
e. .... dix ans, Ludivine a décidé de créer son entreprise.

3 Complétez les phrases avec les participes passés des verbes suivants :
obtenir | devoir | réussir | apprendre | commencer

a. Elle a .... à cuisiner dans une grande école.
b. Les employés ont .... une promotion.
c. J'ai travaillé tard hier soir mais j'ai .... à atteindre mes objectifs.
d. Pendant combien de temps avez-vous .... le français ?
e. Il a .... accepter ce poste, mais il ne le voulait pas.

4 Complétez les phrases avec un pronom indirect.

a. Estelle a téléphoné à sa mère. Elle .... a dit qu'elle avait réussi son bac.
b. J'ai rencontré le directeur. Il .... a posé beaucoup de questions.
c. Les clients appellent notre magasin. Ils .... posent des questions sur nos produits.
d. Le chef est sympa avec ses employés. Il .... propose des activités pour se détendre.
e. Essayez la méditation. Elle .... permettra de vous sentir zen dans toutes les situations !

5 Observez les images ci-dessous. Pour chaque image, écrivez une phrase avec une expression d'obligation.

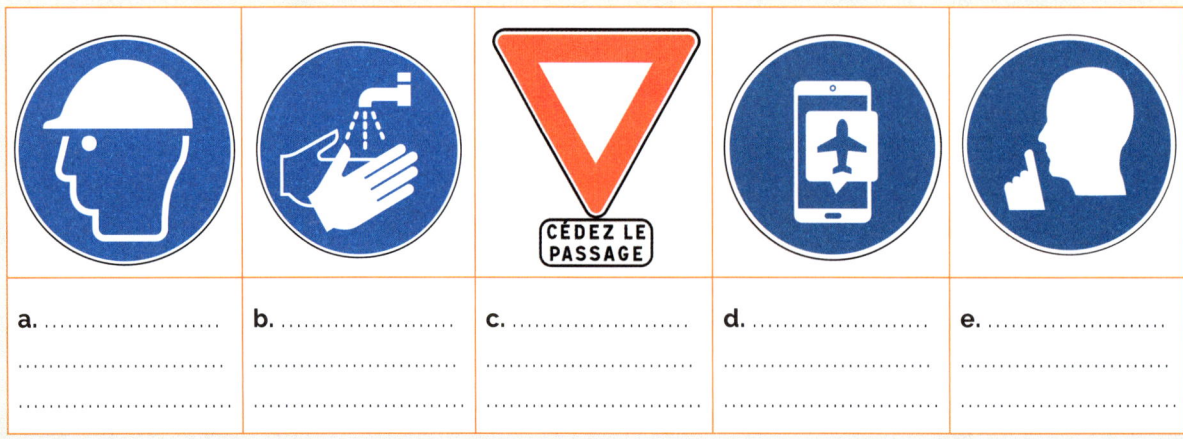

| a. .... | b. .... | c. .... | d. .... | e. .... |

UNITÉ 4

LEXIQUE

1 Complétez avec une des professions suivantes :

conseiller(ère) | commercial(e) | employé(e) | instituteur(trice) | entrepreneur(euse)

a. Mon frère est ………………… . Il enseigne à des enfants de niveau primaire.

b. Ma sœur est ………………… . Elle a pour projet de créer son entreprise.

c. Mon père est ………………… aux ressources humaines. Il s'occupe du recrutement des salariés.

d. Ma mère est ………………… . Elle aide les gens à trouver les bonnes solutions.

e. Mon cousin est ………………… . Il vend des voitures.

2 Associez les éléments.

a. passer   1. son bureau
b. atteindre   2. des congés
c. organiser   3. ses mails
d. prendre   4. un entretien
e. regarder   5. ses objectifs

3 Associez une compétence et sa définition.

a. Une compétence pour travailler en équipe.   1. être un leader
b. Une qualité pour diriger une équipe.   2. être organisé(e)
c. Une capacité à planifier et programmer.   3. avoir le sens de l'écoute
d. Une capacité à faire attention aux autres et à leurs idées.   4. être productif(ve)
e. Une capacité à faire beaucoup de choses dans la journée.   5. être coopératif(ve)

4 Complétez les phrases avec les mots suivants :

horaires | poste | collègues | travail bien payé | travail fatigant

– Moi, ce que je préfère au travail, c'est la coopération. J'aime beaucoup mes ………………… Ils sont sympathiques et c'est super de travailler avec eux. Et je suis satisfait de mon salaire. J'ai un ………………… .

– Moi, je trouve que je fais un ………………… Tous les soirs, quand je rentre à la maison, j'ai envie d'aller me coucher ! Et puis, mes ………………… sont difficiles. Il faut se lever tôt !

– Tu devrais peut-être trouver un ………………… plus intéressant, dans une autre entreprise.

5 Associez les situations suivantes à chaque action.

a. J'adore mon métier, c'est ce que j'ai toujours voulu faire !   1. démissionner
b. Ils sont employés de l'entreprise depuis trois ans.   2. travailler dans la société
c. Il va créer sa boîte.   3. fonder son entreprise
d. Elle a décidé de quitter son poste.   4. faire le métier de ses rêves
e. Nous réfléchissons à un nouveau programme.   5. envisager un projet

PHONÉTIQUE

1 ▶48 | Écoutez et notez les enchaînements vocaliques ⌒ .

a. Elle est coopérative.
b. Il travaille dans un théâtre.
c. Elle est créative.
d. J'ai eu mon examen !
e. C'est un projet intéressant !

2 ▶49 | Écoutez. Notez le nombre de syllabes que vous entendez.

a. un diplôme ➜ …..
b. un travail ➜ …..
c. un entretien ➜ …..
d. un employé ➜ …..
e. un entrepreneur ➜ …..

PRÉPARATION au DELF

Compréhension de l'oral
10 points

Répondez aux questions en cochant ☑ la bonne réponse ou en écrivant l'information demandée.

Exercice 1 — 6 points

▶ 50 | Lisez les questions. Écoutez ces messages, puis répondez.

Message 1
a. Hamza appelle sa grand-mère parce qu'il a : ☐ eu un poste. ☐ obtenu son diplôme. ☐ passé un entretien.
b. Il a étudié à l'université pendant : ☐ deux ans. ☐ trois ans. ☐ cinq ans.

Message 2
a. La femme annonce à Marc qu'elle a : ☐ déménagé. ☐ trouvé du travail. ☐ eu un enfant.
b. Marc habite : ☐ à Paris. ☐ à Toulouse. ☐ On ne sait pas.

Message 3
a. Benjamin et Aurélien sont : ☐ des collègues de travail. ☐ des amis d'enfance. ☐ de la même famille.
b. Dans son message, Benjamin :
☐ donne un conseil. ☐ annonce une bonne nouvelle. ☐ présente ses félicitations.

Exercice 2 — 4 points

▶ 51 | Lisez les questions. Écoutez cette annonce puis répondez.

a. Qui a fait cette annonce ? ☐ un candidat. ☐ une entreprise. ☐ une école.
b. Pourquoi ? ☐ parce qu'ils cherchent du travail. ☐ parce qu'ils veulent recruter un(e) employé(e).
  ☐ parce qu'ils proposent des cours.
c. La personne va travailler : ☐ dans un bureau. ☐ seule. ☐ avec une équipe.
d. Quelle compétence n'est pas mentionnée dans l'annonce ? ☐ être un leader ☐ être coopératif
  ☐ être doué en négociation ☐ avoir le sens de l'organisation ☐ avoir le sens de l'écoute ☐ être productif

Compréhension des écrits
5 points

Répondez aux questions en cochant ☑ la bonne réponse ou en écrivant l'information demandée.

Vous cherchez un(e) baby-sitter pour garder votre enfant pendant votre absence, aller le chercher à l'école et l'aider à faire ses devoirs, tous les soirs à partir de 17 h. Vous regardez les annonces suivantes dans le journal. Cochez les informations qui correspondent à votre demande.

Annonce 1 : Je suis à la recherche d'un job étudiant. Je suis disponible pour garder votre enfant à partir de 17 h 30 tous les jours. J'ai l'habitude de garder des enfants et je peux aider à faire les devoirs. Si cela vous intéresse, appelez-moi au 0623584572. Jonathan

Annonce 2 : Je propose mes services pour garder votre enfant. J'ai été babysitter pendant dix ans quand j'étais jeune. J'ai beaucoup de temps libre et j'ai une voiture, donc je peux facilement aller chercher votre enfant à l'école. Pour me contacter : annabellerenaud@yahoo.fr

Annonce 3 : J'ai 18 ans, je suis lycéenne et je cherche une première expérience de travail. Je suis intéressée par la garde d'enfants et l'aide aux devoirs. Je suis disponible tous les jours après 18 h et les week-ends.
Si vous êtes intéressés, mon numéro est le 0612243698.

UNITÉ 4

	Annonce 1	Annonce 2	Annonce 3
1. Expérience	☐	☐	☐
2. Moyen de transport	☐	☐	☐
3. Disponibilité	☐	☐	☐
4. Aide aux devoirs	☐	☐	☐

Production écrite
25 points

Vous écrivez un mail à un ami pour lui raconter votre projet de changer de travail et faire le métier de vos rêves (60 mots minimum).

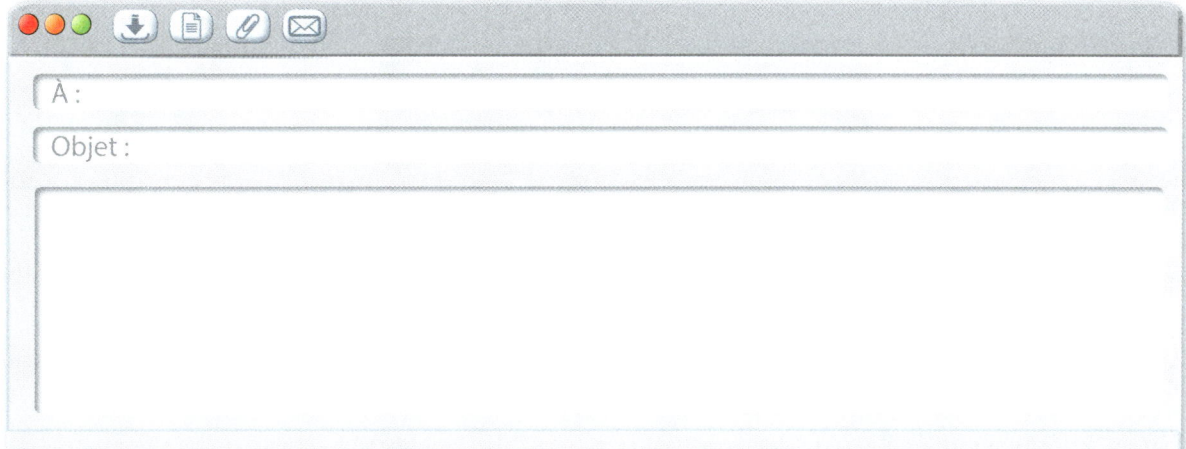

Production orale
25 points

▶ Partie 1 — Entretien dirigé

Après avoir salué votre examinateur, vous vous présentez (vous parlez de vous, de votre famille, de vos amis, de vos goûts, des animaux que vous aimez, etc.). L'examinateur vous posera des questions complémentaires.

▶ Partie 2 — Monologue suivi

Vous tirez au sort 2 sujets et vous en choisissez 1. Vous vous exprimez sur le sujet. L'examinateur peut ensuite vous poser des questions pour vous aider.

Sujet 1 : Votre parcours

Racontez votre parcours personnel, scolaire ou professionnel. Avez-vous fait des études ? Lesquelles ? Avez-vous une expérience du travail ? Quand ? Pendant combien de temps ?

Sujet 2 : Qualités et compétences

Quelles sont les qualités et les compétences professionnelles que vous trouvez importantes ? Est-ce que vous avez ces qualités et compétences ? Est-ce que vous connaissez des personnes qui les ont ?

▶ PARTIE 3 — Exercice en interaction

Choisissez un sujet. Jouez la situation avec l'examinateur.

Sujet 1 : Un projet

Vous êtes responsable du bonheur dans votre entreprise. Vous rencontrez votre directeur pour parler de votre projet d'organiser une journée zen au travail. Vous présentez ce projet et précisez vos idées d'activités. *L'examinateur joue le rôle du directeur.*

Sujet 2 : Mon quotidien au travail

Un de vos amis s'intéresse à votre quotidien. Vous lui expliquez comment vous organisez votre journée de travail. *L'examinateur joue le rôle de l'ami.*

SITUATION 1 — Décider de partir

Comprendre

GRAND TEST DE L'ÉTÉ !

QUEL VOYAGEUR ÊTES-VOUS ?

1. Quel type de voyage vous fait rêver ?
- ★ Un tour du monde
- ♦ Une croisière organisée
- ■ Un tour d'Europe des châteaux
- ● Un voyage solidaire

2. Quel est l'objet indispensable dans votre valise ?
- ★ Des chaussures de marche
- ■ Un guide de voyage
- ● Une carte du pays
- ♦ Un maillot de bain

3. Quelle est la première chose que vous faites quand vous arrivez ?
- ★ Faire une randonnée
- ● Découvrir le quartier
- ♦ Boire un verre au bar de l'hôtel
- ■ Aller à l'office du tourisme

4. Qu'est-ce que vous mangez en vacances ?
- ● Des spécialités locales
- ♦ Des plats que vous connaissez
- ★ De la nourriture qui vous apporte de l'énergie
- ■ Des plats gastronomiques

5. Vous préférez dormir où ?
- ♦ Dans un grand hôtel
- ■ Dans un château
- ● Dans un appartement
- ★ Dans votre tente

RÉSULTATS DU TEST

Majorité de ● : vous êtes un **explorateur**. Vous êtes toujours en forme et curieux. Pour vous, un voyage, c'est une grande aventure.

Majorité de ♦ : vous êtes un **solitaire**. Vous n'aimez pas trop le changement. Pour vous, un voyage doit être organisé entre visites et farniente.

Majorité de ■ : vous êtes un **chercheur**. Vous aimez apprendre de nouvelles choses et découvrir d'autres cultures. Pour vous, un voyage, c'est la découverte.

Majorité de ★ : vous êtes un **routard**. Vous êtes chaleureux et sociable. Pour vous, un voyage, ce sont des rencontres et des promenades dans des lieux isolés.

1. a Observez et cochez.
- a. Qu'est-ce que c'est ? ☐ une affiche ☐ une publicité ☐ un test
- b. Quel est le sujet ? ☐ les voyages ☐ le sport ☐ la culture

b Quel voyageur êtes-vous ? Faites le test !

S'exercer

DES QUALITÉS ET DES DÉFAUTS

2. Complétez la grille avec les adjectifs qui correspondent aux définitions.
1. J'adore découvrir de nouvelles choses.
2. Je déteste attendre.
3. J'aime tout préparer avant de partir.
4. Je parle et j'agis sans réfléchir avant.
5. Je n'aime pas changer d'avis.
6. Je suis toujours partant pour faire quelque chose.

UNITÉ 5

DES VERBES D'ACTION

3. Complétez ce témoignage avec les verbes suivants en les conjuguant au passé.

redécouvrir | être plongé | avoir l'impression | se retrouver | se déplacer

Je suis partie au Maroc avec la réalité virtuelle. D'abord, je .... dans la vieille ville. J'................................ dans l'atmosphère épicée du souk, le marché local. J'.. de sentir toutes les odeurs, d'entendre les gens parler. C'était magique ! Grâce au casque, je .... dans l'image à 360°. Je connaissais déjà le Maroc, mais, grâce à cette expérience, j'................................ ce pays sans payer de billet d'avion !

L'ENCHAÎNEMENT CONSONANTIQUE

4. ▶52 | Écoutez et notez les syllabes que vous entendez.

a. un documentaire animalier
➜ un/do/cu/men/tai/re a/ni/ma/lier

b. un film autobiographique
....

c. un réalisateur allemand
....

d. un paysage incroyable
....

e. une expérience exceptionnelle
....

f. un décor impressionnant
....

5. ▶53 | Écoutez et notez les enchaînements consonantiques ⌣. Puis répétez !

a. Je suis un voyageur organisé.
b. Je suis un réalisateur inventif.
c. Je suis patiente et curieuse.
d. Je suis maniaque et têtu.
e. Elle est curieuse et impatiente.
f. Il est sociable et souriant.

LA PLACE DES ADJECTIFS

6. Complétez cet article en mettant les adjectifs à la bonne place.

Trek est bien plus qu'une application de voyage en réalité virtuelle. Il propose des .... expériences .... (*magiques*) dans des .... endroits .... (*magnifiques*). La .... réalité .... (*virtuelle*) est devenue une .... méthode .... (*classique*) pour découvrir les merveilles du monde ou pour choisir sa .... destination .... (*prochaine*) de voyage. Mais, avec Trek, vous pouvez commencer votre voyage à Helsinki, traverser une porte et vous retrouver en Islande. Un .... voyage .... (*beau*) qui a tout pour séduire les .... enfants .... (*grands*) !

LE PRÉFIXE

7. Trouvez le contraire des adjectifs.
a. dépendant ➜ ....
b. sensible ➜ ....
c. réaliste ➜ ....
d. prudent ➜ ....
e. responsable ➜ ....
f. organisé ➜ ....

Produire

8. ▶54 | Écoutez les questions et enregistrez vos réponses.

9. Vous êtes parti(e) dans l'espace avec la réalité virtuelle. Racontez votre expérience.

Mémoriser

10. a Observez.
1. Je suis allé(e) au Mexique la semaine dernière.
2. Je suis allé(e) au Mexique la dernière semaine de mars.

b Répondez.
Prenez un calendrier. De quelle semaine s'agit-il pour la phrase 1 ? ....
Pour la phrase 2 ? ....

c Entourez la bonne réponse.
Quand un adjectif change de place, *il peut changer / il ne change pas de sens*.

ITUATION ❷ — Justifier un choix

Comprendre

1. 🔊 55 | Écoutez cette publicité et répondez aux questions.

a. Copines de voyage, c'est pour partir en vacances :
- ☐ avec ses copines.
- ☐ avec des inconnues.

b. Pourquoi partir avec Copines de voyage ? Donnez deux raisons.

....
....
....
....
....

S'exercer

LE VOYAGE

2. Retrouvez les mots dans la grille grâce aux définitions.

a. Se détendre (se)
b. Moment de repos
c. Fait de voyager pour son plaisir (faire du)
d. Période où on ne travaille pas
e. Découverte d'un lieu
f. Établissement touristique où on peut dormir
g. Avoir la peau qui devient brune avec le soleil

```
B D P T E X M V
R E P O S E R A
O T V U X S V C
N E M R T M I A
Z N T I V D S N
E T E S S T I C
R E S M A S T E
H O T E L D E S
```

LE SPORT

3. Complétez l'article avec les mots suivants. Conjuguez les verbes au passé.

gagner | classement | équipe | se battre | défi

a. L' .... de France de ski alpin a remporté la Coupe du Monde.
b. Elle .... la première place !
c. Elle a terminé première au .... de la Coupe de France.
d. Elle a relevé le .... en participant à cette compétition.
e. Ils .... pour arriver premiers.

L'EXPRESSION DE LA CAUSE

4. Notez si la phrase est positive (+) ou négative (-) puis écrivez une phrase.

a. J'ai vu des paysages magnifiques ! (la croisière)
 ➜ + *J'ai vu des paysages magnifiques grâce à la croisière.*

b. La vie est de plus en plus chère. (les touristes)
 ....

c. Le paysage est dénaturé. (les hôtels)
 ....

d. Il y a plus de travail. (le tourisme)
 ....

e. Je suis reposée et détendue. (les vacances)
 ....

UNITÉ 5

5. Complétez le titre de ce film avec *parce que* ou *parce qu'*.

Je travaille ...... il le faut.
Je voyage ...... j'aime ça.

LE VERBE *SE BATTRE*

6. Conjuguez le verbe *se battre* au présent.
   a. Je .... pour gagner cette compétition.
   b. Tu .... pour être vainqueur.
   c. Elle .... pour être première.
   d. Nous .... pour gagner ce challenge.
   e. Vous .... pour remporter la victoire.
   f. Ils .... pour avoir la médaille d'or.

LES PRONOMS *EN* ET *Y*

7. Écrivez la réponse en utilisant *en* ou *y*.
   a. Tu te souviens de ce voyage en Égypte ?
   Oui, ...
   b. Tu parles souvent de tes voyages ?
   Oui, ...
   c. Je pense souvent à nos dernières vacances. Et toi ? Oui, ...
   d. Je voudrais participer à ce défi. Et toi ?
   Oui, ...
   e. Je rêve d'aller en Australie. Et toi ?
   Oui, ...

8. a Lisez la réponse et imaginez la question.
   a. Oui, j'en ai envie ! → ....
   b. Non, je n'en ai pas besoin. → ....
   c. Oui, j'en fais souvent. → ....
   d. Oui, j'y réfléchis parfois. → ....
   e. Non, je n'y pense jamais. → ....

b Quels verbes de la partie **a** se construisent avec « à » ? avec « de » ?
   à : ....
   de : ....

LES CONSONNES [ʃ] ET [ʒ]

9. ▶56 = ou ≠ ? Écoutez et cochez.

	a.	b.	c.	d.	e.	f.
=						
≠						

10. ▶57 **a** Écoutez. Barrez l'intrus.
   a. un budget – un voyageur – un étranger – un globe-trotter
   b. un séjour – la jeunesse – un jardin – un guide touristique
   c. une agence – un congé – un bungalow – un gîte
   d. séjourner – organiser – programmer – gagner
   e. chronométrer – acheter – choisir – chômer

b Comment ça s'écrit ? Complétez.
   Le son [ʃ] s'écrit : .... devant une voyelle.
   Le son [ʒ] s'écrit : .... devant « e » et « i ».

Produire

11. Vous êtes un sportif de haut niveau. Lisez les questions et enregistrez vos réponses.
   a. Quelle est votre discipline ?
   b. Dans quelle équipe nationale jouez-vous ?
   c. Quel a été votre classement à la Coupe du Monde ?
   d. Avez-vous déjà gagné une médaille ?

12. Vous décidez de partir faire le tour du monde en solitaire. Expliquez votre choix (60 mots environ).

Mémoriser

13. Observez et associez.
   Votre ami(e) dit :   Quelle question allez-vous poser ?
   a. J'en rêve depuis longtemps ! •   • À quoi ?
   b. J'y pense depuis longtemps ! •   • De quoi ?

SITUATION 3 — Exprimer une difficulté

Comprendre

Sport et handicap : les défis du handisport

Interview d'Audrey Crest, championne handisport.

Qui es-tu ?
Je suis Audrey, j'ai 23 ans et je fais du tennis de table depuis 15 ans.
Ma particularité : je suis née sans avant-bras gauche.

Quel est ton palmarès ?
J'ai gagné une médaille aux jeux Paralympiques d'Europe en 2007.

Quel est ton parcours sportif ?
Enfant, je faisais de la gymnastique, mais cette discipline était difficile à cause de mon handicap.
À l'âge de 8 ans, j'ai découvert le tennis de table.
C'est devenu une passion.

T'entraînes-tu avec des sportifs valides ou handicapés ?
Je suis dans un club « normal », avec des valides.
Au début, mon handicap attirait la curiosité, mais tout le monde est habitué maintenant !

Quelles difficultés as-tu rencontrées en tant qu'athlète « handisport » ?
Heureusement, il n'y a pas de préjugés sur les athlètes handisport. Mais il y a quelques années, il n'y avait rien sur le sujet dans les journaux ou dans les magazines de sport. D'où la difficulté pour trouver des sponsors.
Ce n'est pas facile de s'entraîner avec des valides. Mais, heureusement, c'est de plus en plus connu, et ça intéresse de plus en plus de monde !

> **" LE HANDISPORT EST UNE PRATIQUE SPORTIVE TROP PEU CONNUE. "**

Quelles qualités sont indispensables dans ta discipline ?
Pour pratiquer le ping-pong, il faut être réactif et résistant sur le plan physique. Comme les parties sont assez courtes, il faut une certaine tonicité.
La rapidité est aussi un excellent atout : il faut avoir de bons réflexes !

De quoi rêves-tu pour les prochains jeux Paralympiques ?
J'espère gagner une médaille en équipe.
Une médaille en individuel, ce serait super car je n'en ai jamais gagné.
Dans tous les cas, la compétition risque d'être rude !

1. a J'observe le visuel. Que fait cette femme ?
....

b Je lis le titre. De quoi parle cet article ?
....

UNITÉ 5

c Je lis l'article. J'ai compris et je choisis.

a. Cet article est :
- ❏ le témoignage d'une athlète.
- ❏ l'interview d'une athlète.

b. Quelles informations sur Audrey Crest sont présentes ?
- ❏ sa nationalité
- ❏ son âge
- ❏ ses médailles
- ❏ son parcours sportif
- ❏ les difficultés qu'elle rencontre
- ❏ les raisons de sa passion
- ❏ ses projets sportifs
- ❏ ses projets personnels

2. a Cochez la bonne réponse.

a. Quelle est la particularité d'Audrey ?
- ❏ Elle est valide.
- ❏ Elle a un handicap.

b. Quel sport pratique-t-elle ?
- ❏ le tennis.
- ❏ le tennis de table.

c. Quelles sont les qualités pour pratiquer ce sport ?
- ❏ la réactivité
- ❏ l'endurance
- ❏ la force
- ❏ la résistance physique
- ❏ la rapidité

b Quelles sont les difficultés quand on est athlète handisport ?
....
....

S'exercer

LA NÉGATION

3. Soulignez les phrases négatives dans le texte p. 56.

4. Transformez ces phrases affirmatives en phrases négatives pour rétablir la vérité. Utilisez les mots suivants.

ne… aucun | ne… pas | ne… jamais | personne ne

a. C'est facile d'être athlète handisport.
....

b. Dans mon équipe, tout le monde a un handicap.
....

c. J'ai toujours gagné la médaille d'or aux jeux Paralympiques.
....

d. Avant, il y avait beaucoup d'articles dans la presse sur le handisport.
....

LE SPORT

5. Retrouvez les mots dans l'article p. 56 à l'aide des définitions

a. [verbe] se préparer, s'exercer : ....
b. [verbe] jouer, faire : ....
c. [nom féminin] activité sportive avec des exercices physiques : ....
d. [nom masculin] synonyme de ping-pong : ....
e. [nom féminin] épreuve sportive : ....
f. [nom féminin] prix : ....

Produire

6. Vous pratiquez un sport. Décrivez les difficultés que vous rencontrez pour progresser.

7.  Vous voulez vous inscrire à une compétition sportive.
Vous téléphonez à l'organisateur.
Il vous pose des questions.
Écoutez les questions et enregistrez vos réponses.

Mémoriser

8. a Observez et associez avec le contraire.

a. Je ne m'entraîne jamais seul. • • tout
b. Il ne faut compter sur personne pour réussir. • • toujours
c. On ne doit rien oublier le jour de la compétition. • • tout le monde

b Où est la négation ?
.... + verbe + ...

mémo

J'agis

a Les pays que je rêve de découvrir

....
....
....
....
....

b Les sports que je pratique

....
....
....
....
....

c Je liste 5 façons d'encourager quelqu'un.

....
....
....
....
....

d J'invite mes proches à ma prochaine compétition sportive/à mon prochain spectacle.

....
....
....
....

Je coopère

a Dans la classe, je connais quelqu'un qui pratique :
- ○ le foot
- ○ le tennis
- ○ la course à pied
- ○ la danse
- ○ et d'autres sports comme…

b Quel type de voyage vous préférez ?
- Pour mon/ma voisin(e) de gauche, c'est…
- Pour mon/ma voisin(e) de droite, c'est…
- Pour mon/ma professeur, c'est…
- Et pour moi, c'est…

c Nous décidons d'organiser un week-end ensemble. Nous partirons :
- ○ à la campagne
- ○ à la mer
- ○ à la montagne
- ○ dans un château
- ○ …

d L'esprit d'équipe, c'est important. Pour être une bonne équipe, c'est quoi le plus important ?
- ○ Donner un rôle à chaque personne
- ○ Accepter la critique
- ○ Choisir avec qui travailler
- ○ Avoir du temps pour réfléchir seul
- ○ Avoir tous envie de réussir

UNITÉ 5

J'apprends

JE SUIS...

...SUR entraîné(e)
Je pratique tous les jours pour réussir !

J'UTILISE MES QUALITÉS ET MES DÉFAUTS

Je lis attentivement les questions et les réponses proposées.
- Je suis curieux(euse) : je m'intéresse à la culture francophone.
- Je suis têtu(e) : quand je ne comprends pas, je demande de l'aide.
- Je suis organisé(e) : je prépare mon apprentissage comme un itinéraire de voyage.
- Je suis motivé(e) : je me réjouis d'apprendre de nouvelles choses.

JE DÉCOUVRE DES STRATÉGIES

Quand j'écoute un document, je pense à faire attention à l'intonation : certains éléments sont mis en valeur.

J'APPLIQUE LES STRATÉGIES

a Dans un document, certains éléments sont mis en valeur. Je regarde l'image et je prononce « J'adore » avec la bonne intonation.
b ▶59 J'écoute.
La personne est contente ? triste ?
c Pour répondre à la question, je fais attention à l'intonation.
J'écoute attentivement les adjectifs car ils transmettent une émotion.
Je sais : je prononce ces adjectifs avec la bonne intonation.
Je ne sais pas : j'écris ces adjectifs, je les prononce normalement, et je compare avec le document audio.

Je respire

Préparez l'itinéraire de votre prochain voyage / course à pied / balade à vélo avec la technique du « dessin GPS ».

Bilan

LINGUISTIQUE

GRAMMAIRE

1 **Replacez les adjectifs au bon endroit.**
   a. C'est une personne bizarre. C'est une .... personne .... (*curieuse*)
   b. Il fait 2,10 m, c'est un .... homme .... (*grand*)
   c. Il est très connu et vraiment respecté, c'est un .... homme .... (*grand*)
   d. Cette maison date du XIXᵉ siècle, c'est une .... maison .... (*ancienne*)
   e. Ils veulent tout savoir, ce sont de(s) .... enfants .... (*curieux*)

2 **Réécrivez les phrases en remplaçant les mots soulignés par *en* ou *y*.**
   a. J'ai besoin d'une carte de la ville.
   ....
   b. Tu as envie de partir à l'étranger ?
   ....
   c. Tu penses à ta compétition ? ....
   d. Ils rêvent de visiter l'Europe en vélo.
   ....
   e. Vous vous intéressez à la santé de vos enfants ?
   ....

3 **Complétez avec *grâce à*, *à cause de* ou *parce que*.**
   a. .... mon entraîneur, j'ai gagné la compétition.
   b. .... mon accident, je ne peux plus faire de sport.
   c. Je suis vainqueur .... je me suis préparé tous les jours.
   d. J'ai remporté la médaille .... je suis motivé.
   e. .... ma famille, j'ai continué à pratiquer le violon.

4 **Remettez les mots dans l'ordre.**
   a. jamais / gagné / je / n' / de / ai / médaille d'or
   ....
   b. enthousiaste/très/n'/est/il/pas
   ....
   c. rien/ne/prépare/je/mes/voyages/pour
   ....
   d. visité/jamais/n'/a/l'Espagne/elle
   ....
   e. personne/rencontré/je/n'/en/ai/Europe
   ....

5 **Réécrivez les questions en transformant les mots soulignés par *en* ou *y*.**
   a. Tu as besoin d'un visa ? ➜ ....
   b. Tu as pensé à organiser tes vacances ? ➜ ....
   c. Tu te souviens de ce week-end à Paris ? ➜ ....
   d. Tu as déjà participé à un programme solidaire ? ➜ ....
   e. Tu es revenu de ton séjour en Australie ? ➜ ....

UNITÉ 5

LEXIQUE

1 Écrivez le contraire en ajoutant un préfixe aux adjectifs.

a. Il est honnête. → ....
b. Elle est agréable. → ....
c. Tu es organisé. → ....
d. Je suis patiente. → ....
e. On est prudents. → ....

2 Trouvez le verbe adapté.

a. .... un budget
b. .... le tour du monde
c. .... minutieusement un voyage
d. .... un nouveau pays
e. .... dans un hôtel confortable

3 Remettez les lettres dans l'ordre pour compléter les phrases.

a. Je fais du MITRSUOE solidaire. → ....
b. Il faut un VASI pour partir à l'étranger. → ....
c. Pense à faire ton CCVNIA avant de partir. → ....
d. J'ai découvert des YAPSGESA exceptionnels ! → ....
e. Il adore ZRBONER sur la plage → ....

4 Associez pour reconstituer les phrases.

Pour rester en forme, il faut :

1. entretenir
2. faire
3. se reposer
4. s'entraîner

a. de l'exercice
b. au bord de la mer
c. du sport
d. tous les jours
e. son corps

PHONÉTIQUE

1 ▶60 | Écoutez et notez les enchaînements consonantiques ⌒ .

a. C'est un athlète anglais.
b. C'est un voyageur organisé.
c. Tu fais du tourisme écologique ?
d. La nature est exceptionnelle !
e. J'ai découvert un nouvel endroit.

2 ▶61 | Vous entendez [ʃ], [ʒ] ou les deux ?

	[ʃ]	[ʒ]	[ʃ] et [ʒ]
a.			
b.			
c.			
d.			
e.			

soixante-et-un **61**

PRÉPARATION au DELF

Compréhension de l'oral   10 points

Répondez aux questions en cochant ☑ la bonne réponse ou en écrivant l'information demandée.

Exercice 1 — 5 points

▶ 62 | Écoutez les messages et cochez la bonne réponse.

	Lieu	Objet du message	Les passagers
Message 1	❑ un aéroport ❑ une gare	❑ un retard ❑ une annulation	❑ Ils doivent échanger les billets. ❑ Ils doivent attendre.
Message 2	❑ un aéroport ❑ une gare	❑ un retard ❑ une annulation	❑ Ils doivent échanger les billets. ❑ Ils doivent attendre.

Exercice 2 — 5 points

▶ 63 | Lisez les questions. Écoutez cet extrait d'émission, puis répondez.

1. Où habite Julie ? ❑ En France. ❑ Au Brésil. ❑ Au Burundi.
2. Pourquoi Julie est-elle partie à l'étranger ? ❑ Pour son travail. ❑ Pour le travail de son mari.
3. Quand on lui a proposé de partir, elle a été : ❑ contente. ❑ enthousiaste. ❑ émue. ❑ stressée. ❑ triste.
4. Quels étaient ses projets sur place ? Citez-en deux.

....

....

Compréhension des écrits   10 points

Pour répondre aux questions, lisez et écrivez l'information demandée.

Voyager dans le monde entier sans bouger de son canapé, c'est désormais possible !

Qui n'a jamais rêvé de se téléporter à Bali, à Shanghai ou encore à l'île de la Réunion ? C'est désormais possible grâce à la réalité virtuelle.

Un budget vacances conséquent, de longues heures de trajet, de lourdes valises à transporter… Même si voyager rend heureux, il faut bien dire qu'il existe quelques inconvénients. Et les concepteurs de réalité virtuelle l'ont bien compris puisqu'ils proposent de voyager à l'autre bout du monde… depuis son canapé.

La réalité virtuelle, une invitation au voyage

Avant de vendre un voyage ou une chambre d'hôtel, les clients vont pouvoir voir le lieu et savoir quel endroit leur donne le plus d'émotions. Interviewée par *Le Figaro*, Marie, chef de projet, est séduite par le concept : « *Je suis allée à l'île Maurice. J'y suis déjà allée en vrai, et avec la réalité virtuelle, j'avais l'impression d'y être ! Par contre, le prix de la séance, presque 100 €, c'est un gros budget !* » Cette voyageuse apprécie mais n'achètera pas de casque car c'est encore très cher.

Arnaud rêvait d'aller à Hawaï. Il a pu admirer les volcans et les superbes paysages. « *C'était incroyable ! Et puis, avec la réalité virtuelle, pas besoin de passeport, de vaccins ou de visa… et ça, c'est top !* »

Alain Capestan, PDG de Comptoir de voyages, se pose des questions sur l'utilité de la réalité virtuelle : « *La VR doit être une invitation au voyage. Mais elle ne remplacera jamais un vrai voyage. Elle permettra au consommateur de mieux préparer son voyage* ».

UNITÉ 5

Lisez l'article et répondez aux questions.

1. Où Marie et Arnaud sont-ils partis ? ....

2. Comment sont-ils partis ? ....

3. Pour Marie, quel est l'inconvénient de ce type de voyage ? ....
....

4. Pour Arnaud, quels sont les avantages de ce type de voyage ? (3 réponses)
....
....
....

5. Pour Alain, quelle est l'utilité de ce type de voyage ?
....
....

Production écrite

25 points

Vous voulez participer à un challenge sportif avec votre entreprise. Vous invitez vos collègues à s'inscrire mais ils ne sont pas d'accord. Insistez pour qu'ils/elles acceptent. (environ 80 mots)

Production orale

25 points

▶ **Partie 1 — Entretien dirigé**

Présentez-vous (goûts, loisirs, études, famille etc.) puis, parlez des voyages que vous avez faits ou que vous rêvez de faire. L'examinateur vous posera des questions complémentaires.

▶ **Partie 2 — Monologue suivi**

Vous tirez au sort deux sujets et vous en choisissez un. Vous vous exprimez sur le sujet. L'examinateur peut ensuite vous poser des questions pour vous aider.

Sujet 1 : Sport
Est-ce que vous êtes un grand sportif ? Quelle activité pratiquez-vous ? À quelle fréquence ? Pourquoi ?

Sujet 2 : Voyages
Quel type de voyageur êtes-vous ? Quels sont vos principales qualités et vos défauts quand vous voyagez ?

▶ **Partie 3 — Exercice en interaction**

Choisissez un sujet. Jouez la situation avec l'examinateur.

Sujet 1 : Une activité sportive
Vous voulez vous inscrire à une activité sportive avec votre meilleur(e) ami(e). Mais il/elle n'est pas très sportif(ve) et n'a pas beaucoup de temps pour cette activité. Insistez pour le convaincre et encouragez-le/la.
L'examinateur joue le rôle de l'ami(e).

Sujet 2 : Un grand voyage
Vous voulez faire un grand voyage. Vous allez dans une agence de voyage et vous décrivez le type de séjour que vous recherchez. L'agent vous propose plusieurs types de voyage. Vous posez des questions.
L'examinateur joue le rôle de l'agent de voyage.

Décrire une sensation

Comprendre

EXPLORER AVEC LES 5 SENS !

Je vous propose de choisir un moment aujourd'hui, de faire une courte pause et de vous lancer dans une expérience. Installez-vous confortablement et fermez les yeux si possible. Puis, vous pouvez laisser venir à vous l'image d'une coupe de fruits. Vous pouvez peut-être voir ces fruits devant vous et en choisir un qui vous donne envie.

Vous pouvez commencer par le toucher avec vos mains. Sentir sa texture sous vos doigts. Explorer sa forme et son volume (sans le regarder). Quel est son poids : est-il lourd ou léger ? Vous pouvez le rapprocher de votre oreille. Découvrir peut-être les sons de votre main touchant la peau de ce fruit, peut-être le tapoter pour entendre le son creux ou plein produit. Explorer par la vue sa forme, son volume, sa ou ses couleur(s).

Puis, le rapprocher de votre nez pour le sentir. Quelle est son odeur ? Est-elle forte ou légère ? Est-elle agréable ou pas ?

Ensuite, le croquer ou le mettre dans votre bouche. Sentir son jus peut-être, le goût sucré ou peut-être acide. Quel fruit avez-vous choisi ? Avez-vous exploré de la même façon ce fruit par les 5 sens ? Dans votre quotidien, quel sens utilisez-vous le plus généralement et particulièrement lorsque vous mangez ?

Karen Lechartier,
d'après http://cultiversonbienetre.fr/explorer-avec-les-5-sens/

1. Lisez le texte et cochez la bonne réponse.

a. Le document propose :
   ❏ une dégustation de fruits.   ❏ un exercice de relaxation.   ❏ une expérience avec les sens.

b. Le lecteur est invité à :
   ❏ choisir un fruit dans sa cuisine.   ❏ imaginer un fruit.   ❏ aller acheter un fruit au marché.

c. Quel sens permet de découvrir les informations ci-dessous ? Associez une information à un sens.

   il est sucré • • la vue
   il est lourd • • l'ouïe
   ses couleurs • • le goût
   il produit un son creux • • l'odorat
   son parfum • • le toucher

S'exercer

LES 5 SENS

2. 🎧 64 | Écoutez et écrivez le numéro de la phrase dans la colonne qui correspond.

la vue	l'odorat	l'ouïe	le toucher	le goût

DES VERBES D'ACTION

3. Complétez le texte suivant avec les verbes : *sentir, goûter, voir, entendre*. **Conjuguez au présent de l'indicatif.**

J'adore aller à la plage l'été ! J'aime beaucoup marcher pieds nus sur le sable, je .... sa chaleur sous mes pieds. J'.................... le son relaxant de l'océan et je .... le beau ciel bleu à l'horizon. Et quand il fait bien chaud, je vais acheter une glace. J'adore .... de nouvelles saveurs !

UNITÉ 6

LES CONSONNES [s] ET [z]

4. ▶65 | Écoutez. Vous entendez [s], [z] ou les deux ?
- a. ☐ [s] ☐ [z]
- b. ☐ [s] ☐ [z]
- c. ☐ [s] ☐ [z]
- d. ☐ [s] ☐ [z]
- e. ☐ [s] ☐ [z]
- f. ☐ [s] ☐ [z]

5. a Remettez les lettres dans l'ordre pour compléter les mots.
- a. AVERUS ➔ S _ _ _ _ (nom féminin)
- b. TERNIS ➔ S _ _ _ _ (verbe)
- c. PRISEURS ➔ S _ _ _ _ _ S _ (nom féminin)
- d. TRIDÉNTÉÊS ➔ _ _ S _ _ _ _ _ _ (nom masculin)
- e. DÉPCOINTE ➔ _ _ C _ _ T _ _ _ (nom féminin)
- f. ÉLUCIDIEES ➔ _ _ _ _ C _ _ _ _ _ (adjectif féminin)

b Comment ça s'écrit ?
[s] : …. au début du mot, …., …. + ion
[z] : …. au milieu du mot

LE SUPERLATIF

6. Formez des superlatifs de supériorité à partir des informations indiquées (attention aux superlatifs irréguliers).
- a. [expérience – bonne]
  C'est la …………………………………………
- b. [épices – savoureuses]
  Ce sont les ………………………………………
- c. [forêt – belle]
  C'est la …………………………………………
- d. [fleurs – colorées]
  Ce sont les ………………………………………
- e. [parc – joli]
  C'est le …………………………………………

LES SYNONYMES

7. Dans le texte ci-dessous, retrouvez et entourez les synonymes des mots suivants.
utiliser | identifier | découvrir | incroyable | complète

> Venez participer à une expérience sensorielle impressionnante ! Nous vous proposons de participer à un dîner à l'aveugle. Vous serez dans l'obscurité totale et vous allez explorer les plats avec l'odorat, le toucher, l'ouïe et bien sûr le goût. Vous allez devoir reconnaître les ingrédients qui composent les plats, sans les voir. Vous pourrez les toucher, les sentir, les goûter… C'est une bonne expérience pour apprendre à se servir de ses autres sens.

S'ASSEOIR

8. Conjuguez le verbe *s'asseoir* au présent.
- a. Pour les repas de famille, nous ……………………… ……………………… toujours à la même place autour de la table.
- b. Je ……………………… toujours à côté de mes cousins.
- c. Ma mère ……………………… entre mon père et son frère.
- d. Mes grands-parents ……………………… au bout de la table, pour voir tout le monde.
- e. Et vous, vous……………………… où quand vous êtes à un repas de famille ?

Produire

9. Donnez des exemples de sensations agréables vécues au quotidien. Pour chaque sens, expliquez ce que vous aimez.
Exemple : le toucher : *J'aime sentir les pages de mon livre sous mes doigts.*

10. Imaginez que vous mangez votre plat préféré. Quels sens utilisez-vous ? Quelles sont vos sensations ? Enregistrez-vous.

Mémoriser

11. a Complétez pour former un superlatif de supériorité.
Ce sont ……………………… gâteaux du monde !
J'ai mangé ……………………… grosse part de gâteau.

b Complétez pour former un superlatif d'infériorité.
C'est ……………………… journée de sa vie !
C'est le plat ……………………… épicé du menu.

Situation 2 — Donner une appréciation

Comprendre

1. ▶ 66 | **Écoutez et répondez.**

a. De quoi parle l'émission ?
....

b. À quel type d'événement Julie et Antoine ont-ils assisté ?
....

c. Julie a apprécié trois choses.
Retrouvez-les dans la liste suivante.
- ☐ la météo ☐ les performances
- ☐ le son ☐ les restaurants ☐ le public

d. Pourquoi Antoine est-il déçu ?
....

e. Qu'est-ce qu'il faut faire pour bien profiter de l'expérience ?
....

S'exercer

L'ART ET LA CULTURE

2. Retrouvez les mots sur le thème de l'art et de la culture dans la grille. Attention, ils peuvent être placés à l'horizontale, à la verticale ou en diagonale.

C	N	O	I	T	I	S	O	P	X	E	X
N	L	D	J	O	N	P	W	M	U	E	O
V	O	S	E	L	O	R	A	P	G	E	J
S	P	S	C	S	U	S	I	A	A	N	E
H	C	J	N	P	P	S	S	L	L	R	I
H	L	U	F	A	W	A	K	B	E	U	S
U	X	U	L	D	H	A	Y	U	R	O	Z
A	A	L	S	P	G	C	E	M	I	T	X
D	E	Z	C	Q	T	G	X	E	E	D	R
H	K	M	E	F	F	U	U	F	S	J	A
M	F	N	N	L	W	F	R	J	X	U	S
E	T	T	E	H	C	O	P	E	P	B	M

DES ADJECTIFS POUR APPRÉCIER

3. ▶ 67 | Écoutez. Pour chaque phrase, indiquez si l'appréciation est positive (+) ou négative (-).

	a.	b.	c.	d.	e.
Positive +					
Négative −					

UNITÉ 6

DES VERBES POUR DONNER UN AVIS

4. Complétez les phrases avec les verbes suivants au présent de l'indicatif.

penser | être déçu(e) | trouver | aimer | adorer

a. Je .... ce film très intéressant.

b. J' .... beaucoup aller au théâtre.

c. Je .... par la visite de la galerie. Il y avait trop de monde.

d. Je .... que c'est la chanteuse la plus talentueuse en ce moment.

LES VOYELLES [ə], [e] ET [a]

5. ▶68 | Écoutez les questions et associez la (ou les) bonne(s) réponse(s).

a. • • 1. la jaune
b. • • 2. le violet
c. • • 3. les rouges
        • 4. les vertes

6. a ▶69 | Écoutez les adverbes et cochez ce que vous entendez.

	rien (e muet)	[ə]	[a]	[e]
a. précis**é**ment				
b. suffis**a**mment				
c. calm**e**ment				
d. réc**e**mment				
e. profond**é**ment				
f. attentiv**e**ment				

b Comment ça s'écrit ?

rien : .... précédé d'une consonne
[ə] : .... précédé de deux consonnes
[a] : ...., ... + mm
[e] : ....

LES PRONOMS INTERROGATIFS

7. Complétez les phrases avec *lequel*, *laquelle*, *lesquels* ou *lesquelles*.

a. Entre ces deux villes, ... vous voulez visiter ?

b. On peut acheter deux livres. .... tu veux ?

c. Il y a beaucoup de belles chansons sur cet album. Tu préfères .... ?

d. Entre le Louvre et le Musée d'Orsay, moi j'ai préféré le Louvre. Et toi, ... tu as préféré ?

8. Associez les bonnes phrases. Soyez logiques !

a. Vous les vendez combien ces photos ?
b. Tu peux me prêter un DVD, s'il te plaît ?
c. Bonjour, je voudrais deux entrées, s'il vous plaît ?
d. On a vu deux films extraordinaires la semaine dernière !
e. J'ai envie de faire un festival de musique cet été. Ça t'intéresse ?

1. Ah oui ? Lesquels ?
2. Oui, il y a deux expositions. Laquelle voulez-vous voir ?
3. Lesquelles ? Celles en noir et blanc ?
4. Oui, ce serait super ! Lequel t'intéresse ?
5. Oui, lequel tu veux ?

a.	b.	c.	d.	e.
......	......	......	......	......

Produire

9. Vous écrivez un message sur la page Facebook de votre artiste préféré(e). Vous lui expliquez ce que vous appréciez dans son travail.

10. Vous êtes déçu(e) par une visite dans un musée. Vous écrivez un commentaire sur le site du musée pour donner votre avis

Mémoriser

11. a Associez.

lequel •   • féminin pluriel
laquelle •   • masculin pluriel
lesquels •   • féminin singulier
lesquelles •   • masculin singulier

b Trouvez quatre adjectifs d'appréciation.

Positif ➔ ....
         ➔ ....
Négatif ➔ ....
         ➔ ....

soixante-sept **67**

SITUATION ❸ — Identifier une émotion

5 ASTUCES POUR IDENTIFIER ET GÉRER SES ÉMOTIONS

1 Je m'arrête une minute, je respire profondément et je prends le temps d'analyser ce que je ressens.
Est-ce de la peur ? de l'anxiété ? de la colère ? Est-ce que mes émotions sont uniquement négatives ?
Je peux écrire ce que je ressens sur un papier ou dessiner un autoportrait. Je représente mon visage qui exprime mes émotions.

2 Quand j'ai terminé d'identifier mes émotions, je réfléchis à leur cause, leur origine. Est-ce que je les ressens parce que j'ai vécu quelque chose récemment ? Est-ce que je suis fatigué(e) ? Si oui, quelle est la raison de cette fatigue ? Trop de travail ? Pas assez de temps pour moi ?

3 Je connais la cause de mes émotions négatives, je peux maintenant trouver une solution. Qu'est-ce que je peux faire ? Qui peut m'aider ?
Je commence aujourd'hui à écrire une liste d'actions pour me sentir bien.

4 J'ai compris l'origine de mes émotions négatives. Je sais que je peux trouver une solution. Je me concentre sur mes émotions positives.

5 Je fais attention à toujours me donner suffisamment de temps pour faire des activités qui me font plaisir et qui provoquent chez moi des émotions positives. J'identifie ces émotions et je me dis : je suis heureux(euse) ; je ressens de la joie, etc.

---

1. ⓐ J'observe le visuel.
Qu'est-ce que le dessin exprime ?
....
....

ⓑ Je lis le titre.
Quel est le lien entre le titre et ce dessin ?
....

ⓒ Je lis le texte à côté de chaque numéro. J'ai compris et je choisis.
a. Ce document vient probablement :
  ❏ d'un blog sur les loisirs.
  ❏ d'un magazine sur le bien-être.
  ❏ d'un cahier d'exercices.

UNITÉ 6

b. Il donne :
- ❑ des règles à respecter.
- ❑ des exercices.
- ❑ des conseils.

2. Répondez.

a. Le document parle de quelles émotions ?
....
....

b. Qu'est-ce qu'on doit faire avant de trouver une solution ?
....
....

c. Qu'est-ce qu'on doit commencer aujourd'hui ?
....
....

d. Selon le document, qu'est-ce qui peut provoquer des émotions positives ?
....
....

S'exercer

LES ADVERBES

3. Repérez dans le texte les quatre adverbes en *-ment*, *-emment* et *-amment*. Pour chaque adverbe, écrivez l'adjectif qui correspond.

a. .... ➔ ....
b. .... ➔ ....
c. .... ➔ ....
d. .... ➔ ....

4. Transformez l'adjectif entre parenthèses pour former un adverbe en *-ment*, *-emment* et *-amment*.

a. Prenez le temps de réfléchir à vos émotions. Vous comprendrez (*certain*) .... ce que vous ressentez.

b. Respirez pour vous sentir (*total*) .... détendu(e).

c. Comment réagissez-vous quand une personne vous parle (*méchant*) .... ?

d. Écoutez (*patient*) .... les personnes de votre famille, vos amis pour détecter leurs émotions.

e. Bien gérer ses émotions demande (*énorme*) .... de temps.

Produire

5. Écrivez une liste de cinq actions pour vous sentir bien. Pour chaque action, utilisez un adverbe en *-ment*, *-emment* ou *-amment*.
Exemple : Je respire profondément.

Pour se sentir bien
....
....
....
....
....
....

6. Pensez à un moment dans votre vie où vous avez ressenti une émotion (positive ou négative) très forte. Racontez cette expérience dans un texte au présent. Décrivez le contexte et ce que vous ressentez.

Mémoriser

7. ⓐ Trouvez l'adverbe qui correspond :
vrai ➔ ....
total ➔ ....
prudent ➔ ....
bruyant ➔ ....

ⓑ Quelle est l'émotion représentée ?
😊 ➔ ....
😣 ➔ ....
☹️ ➔ ....

soixante-neuf 69

mémo

✓ J'agis

a Ce que je ressens quand je me lève le matin. Je suis…
- ☐ fatigué(e) et je retourne me coucher !
- ☐ joyeux(euse) et content(e) de commencer une nouvelle journée !
- ☐ stressé(e) par tout ce que je dois faire dans la journée.
- ☐ dynamique ! J'ai envie de faire beaucoup de choses !

b Le plaisir des sens. Complétez avec une information qui vous concerne :

👁 J'aime regarder ……………………

👂 J'aime écouter ……………………

👅 J'aime le goût de ……………………

👃 J'aime l'odeur de ……………………

✋ J'aime sentir ……………………

c Mes cinq conseils pour être heureux.
1. ……………………………………………
2. ……………………………………………
3. ……………………………………………
4. ……………………………………………
5. ……………………………………………

d Je décris :
- ma meilleure surprise :
……………………………………………
……………………………………………
- le plus beau jour de ma vie :
……………………………………………
……………………………………………
- la meilleure chanson du monde pour moi :
……………………………………………
……………………………………………

✓ Je coopère

a Dans la classe, je cherche quelqu'un qui :
- ○ aime visiter les musées d'art.
- ○ aime l'art urbain.
- ○ aime les sculptures contemporaines.
- ○ aime les expositions animées.

b Quand je visite une nouvelle ville…
- Moi, je cherche à découvrir…
- Pour mon/ma voisin(e) de droite…
- Pour mon/ma voisin(e) de gauche…

c Je fais une liste de trois lieux à visiter dans ma ville.

……………………………………………
……………………………………………
……………………………………………

d J'écris un petit texte pour donner une appréciation de mon lieu préféré dans ma ville.

……………………………………………
……………………………………………
……………………………………………

UNITÉ 6

J'apprends

JE SUIS…	JE SUIS ACTIF(VE) DANS MON APPRENTISSAGE
… énergique *Tous les jours, j'apprends quelque chose de nouveau !*	Je lis attentivement les questions et les réponses proposées. ○ Tous les jours, je lis un petit texte en français. ○ Je fais attention à l'organisation logique du texte (paragraphes, liens logiques). ○ Je repère les mots clés pour me concentrer sur les idées essentielles.

JE DÉCOUVRE DES STRATÉGIES	J'APPLIQUE LES STRATÉGIES
Quand je réponds à un questionnaire de compréhension écrite, je repère les mots-clés dans le texte et dans les questions pour cibler l'information. 	**a** Je lis le texte et je souligne les mots-clés : **Bien-être au jardin : éveillez vos cinq sens !**  C'est scientifiquement prouvé : les jardins ont un impact positif sur la santé. Selon l'étude menée par le cabinet Asterès pour l'Unep, une augmentation de la surface des espaces verts de 10 % peut réduire les symptômes de la vieillesse et induire un rajeunissement équivalent à 5 ans. Pour profiter pleinement des bienfaits de la nature, je conseille aux particuliers d'aménager leur jardin pour éveiller leurs cinq sens. www.journaldesfemmes.fr **b** Je fais ma liste des mots-clés : …………………………………………… …………………………………………… **c** J'écris ce que j'ai compris en une phrase, avec mes propres mots. …………………………………………… ……………………………………………

Je respire

▶ 70 | **Fermez les yeux, écoutez le document audio et imaginez que vous êtes à cet endroit. Regardez les images. Laquelle ressemble le plus au lieu que vous avez imaginé ?**

Bilan LINGUISTIQUE

GRAMMAIRE

1) Complétez les phrases suivantes avec des superlatifs.

a. Angèle est la chanteuse .... (populaire) du festival.
b. Il a gagné le prix du .... (bon) film de l'année.
c. Le marron est .... (joli) couleur, selon moi.
d. Ce sont les sculptures .... (impressionnant) du musée.
e. C'est .... (mauvais) souvenir de mon enfance.

2) Observez les phrases et imaginez la question posée. Utilisez *lequel, laquelle, lesquels, lesquelles*.

a. Je choisis les plus grandes. ➔ ....
b. Je veux le numéro 3. ➔ ....
c. Nous voudrions celle qui est à droite. ➔ ....
d. Je préfère les verts. ➔ ....
e. Ils ont pris celui de 8 h 46. ➔ ....

3) Complétez avec le verbe *s'asseoir* conjugué.

a. Où est-ce que vous .... quand vous allez au théâtre ?
b. Nous .... toujours devant.
c. Julien, toi tu .... à droite et Béa .... à gauche.
d. Tous les matins, je .... à la table de la cuisine et je prends mon petit déjeuner tranquillement.
e. Mes parents adorent aller à la mer le week-end ! Ils .... sur la plage et ils regardent l'océan.

4) Transformez les éléments soulignés par un adverbe en *-ment, -emment* ou *-amment*.

Exemple : Regarder de façon bizarre ➔ Regarder bizarrement.

a. Attendre avec patience ➔ ....
b. Décrire avec précision ➔ ....
c. Écouter avec attention ➔ ....
d. Travailler de manière différente ➔ ....
e. Manger de façon bruyante ➔ ....

LEXIQUE

1) Soulignez l'intrus.

a. délicieux – saveurs – goût – goûter – bruits – épices
b. lumière – couleurs – vue – sentir – voir – regarder
c. parfum – écho – odorat – sentir – nez – senteur
d. sons – écouter – ouïe – entendre – sucré – mélodie
e. sentir – toucher – odeur – doux – texture – contact

UNITÉ 6

2 **Complétez avec les mots suivants.**

exposer | scène | tournée | album | classique

  a. Mon groupe préféré sort son nouvel .... demain.

  b. C'est un grand orchestre de musique ....

  c. Angèle a déjà fait beaucoup de concerts. Elle a l'habitude d'être sur ....

  d. Ce photographe commence à avoir du succès. Une galerie vient d'accepter d'.................................. son travail.

  e. Je pars en .... avec mon groupe de musique pendant six mois.

3 **Associez une émotion à chaque phrase.**

  a. Je suis tellement heureuse de te voir ! • • **1.** surprise
  b. Bof, moi l'opéra, c'est pas mon truc. • • **2.** déception
  c. Ah bon, on va participer au festival ? C'est pas vrai ! C'est super ! • • **3.** joie
  d. Je n'ai pas aimé du tout. Franchement 20 euros pour ça… c'est cher ! • • **4.** dégoût
  e. Berk ! C'est vraiment pas bon ! • • **5.** désintérêt

4 **Complétez le texte avec les mots suivants.**

feuilles | animal | forêt | homme | bruits

L'autre jour, je me promenais dans une grande .... C'était magnifique, le silence, toutes ces .... vertes. Je marchais tranquillement quand, tout à coup, j'ai entendu des .... de pas. J'ai tout de suite pensé qu'il y avait un .... près de moi. J'ai eu peur et j'ai crié. Un .... s'est approché et m'a demandé « Tout va bien ? ».

PHONÉTIQUE

1 **▶71 | Écoutez et cochez ce que vous entendez.**

  a. ❏ poisson   ❏ poison
  b. ❏ coussin   ❏ cousin
  c. ❏ tresse   ❏ treize
  d. ❏ dessert   ❏ désert
  e. ❏ ils sont   ❏ ils ont

2 **▶72 | Écoutez et écrivez [ə], [a], [e] dans la bonne syllabe.**

	Syllabe 1	Syllabe 2	Syllabe 3
a.			
b.			
c.			
d.			
e.			

soixante-treize **73**

PRÉPARATION au DELF

Compréhension de l'oral   10 points

Répondez aux questions en cochant ☑ la bonne réponse ou en écrivant l'information demandée.

Exercice 1   5 points

▶73 | **Vous allez entendre deux fois un document. Il y a 30 secondes de pause entre les deux écoutes puis vous avez 30 secondes pour vérifier vos réponses.**

a. Le message annonce : ☐ l'ouverture du musée. ☐ une évacuation. ☐ la fermeture du musée.
b. Les personnes doivent sortir dans : ☐ 15 minutes. ☐ 30 minutes. ☐ 45 minutes.
c. Les visiteurs doivent déposer leur audioguide :
   ☐ devant la porte. ☐ dans leur casier. ☐ à côté de l'escalier.
d. Avant de quitter le musée, les visiteurs doivent penser à :
   ☐ payer. ☐ rendre la documentation. ☐ prendre leurs affaires.
e. À quelle heure ouvre le musée le lendemain matin ? ☐ À 8 heures. ☐ À 9 heures. ☐ À 10 heures.

Exercice 2   5 points

▶74 | **Vous êtes au Québec et vous écoutez la radio. Lisez les questions et écoutez cet extrait d'émission, puis répondez.**

a. Quel est le thème de cette émission ? ☐ L'actualité. ☐ La culture. ☐ L'histoire de la ville.
b. Ce festival existe depuis combien de temps ? ☐ 20 ans. ☐ 30 ans. ☐ 40 ans.
c. À quelle date le festival va-t-il se terminer cette année ? ☐ Le 27 juin. ☐ Le 6 juillet. ☐ Le 27 juillet.
d. Environ combien d'artistes y participent : ☐ 300. ☐ 3 000. ☐ 1 300.
e. Où peut-on trouver des informations sur le festival ?
   ☐ montrealfest.ca ☐ festivaldejazzmontreal.com ☐ montrealjazzfest.com

Compréhension des écrits   10 points

Répondez aux questions en cochant ☑ la bonne réponse ou en écrivant l'information demandée.

À DÉCOUVRIR DANS LA RÉGION

Éveillez vos sens, venez participer à un bain de forêt !

Avec l'évolution du monde du travail et le développement des zones urbaines, nous constatons que la majorité des gens passent de plus en plus de temps à l'intérieur, déconnectés de la nature et des espaces verts. Et pourtant, les bienfaits de la nature sur notre corps sont prouvés scientifiquement.
Nous vous proposons une expérience sensorielle relaxante : venez vous immerger dans une forêt pour en ressentir tous les effets positifs. Vous serez accompagnés d'un guide spécialiste des forêts de la région qui vous proposera des activités pour découvrir cet environnement d'une manière unique. Vous écouterez le son de la forêt et profiterez de l'effet apaisant de l'immensité verte ! Vous pourrez aussi toucher les arbres, sentir leur essence, et goûter des plantes !
Le prochain bain de forêt est le samedi 3 avril puis nous en proposerons un tous les mercredis et samedis jusqu'au 31 mai, puis tous les jours jusqu'au 30 septembre. Vous pouvez réserver sur notre site internet ou au 06 23 34 45 56.

a. Ce document est : ☐ une rubrique dans un journal. ☐ un mail. ☐ un article scientifique.

UNITÉ 6

b. Vrai ou faux ? Cochez la bonne réponse.

	Vrai	Faux
1. Le texte dit que les zones rurales sont en développement.	☐	☐
2. L'expérience propose de partir seul en forêt.	☐	☐
3. On peut apprendre à découvrir la forêt avec les 5 sens.	☐	☐
4. Il est possible de réserver un bain de forêt le jeudi 29 mai.	☐	☐

Production écrite   25 points

Vous avez participé à un festival de musique. Vous écrivez à un ami pour lui donner vos impressions. Vous expliquez ce que vous avez aimé ou moins aimé (les concerts, la programmation, le lieu, la nourriture, l'ambiance, le public, etc.) (60 mots minimum)

À :
Objet :

Production orale   25 points

▶ Partie 1 — Entretien dirigé

Après avoir salué votre examinateur, vous vous présentez (vous parlez de vous, de votre famille, de vos amis, de vos goûts, des animaux que vous aimez, etc.). L'examinateur vous posera des questions complémentaires.

▶ Partie 2 — Monologue suivi

Vous tirez au sort 2 sujets et vous en choisissez 1. Vous vous exprimez sur le sujet. L'examinateur peut ensuite vous poser des questions pour vous aider.

Sujet 1 : Racontez un moment marquant de votre vie. Que s'est-il passé ? Quand et où cela s'est-il passé ? Décrivez vos émotions à ce moment.

Sujet 2 : Qui est votre artiste préféré(e) ? Que fait cet(te) artiste ? Pourquoi l'aimez-vous ?

▶ PARTIE 3 — Exercice en interaction

Choisissez un sujet. Jouez la situation avec l'examinateur.

Sujet 1 : Vous voulez offrir une œuvre d'art à un ami(e). Vous aimeriez acheter un tableau ou une sculpture et votre budget est de 500 euros. Vous téléphonez à une galerie et vous posez des questions sur le type d'œuvres qu'elle propose et sur leurs prix.
L'examinateur joue le rôle de l'employé(e) de la galerie.

Sujet 2 : Vous proposez une sortie culturelle à un(e) ami(e). Vous lui demandez ce qu'il/elle préfère comme type de sortie culturelle et vous parlez de vos préférences. *L'examinateur joue le rôle de l'ami(e).*

SITUATION 1 — Parler d'un changement

Comprendre

DIS-MOI COMMENT TU T'HABILLES, JE TE DIRAI COMMENT TU DIRIGES

Votre tenue représente votre style de management.

Avant même d'avoir dit le moindre mot, les managers sont jugés… sur leur look. Stricte, élégante, originale ou décontractée, votre tenue envoie un message sur votre caractère, votre façon d'être et votre style de management : autoritaire, cool, expert… Bonne ou mauvaise, cette première impression reste longtemps. Une étude de 2006 de l'université de Princeton dit qu'une seconde suffit à se faire une opinion sur quelqu'un. Et le temps ne change rien à ce premier avis… sauf à l'accentuer encore !

2018 - Marianne Rigaux - capital © Prisma Média.

 1.
 2.
 3.

a. DANIEL
Son job : manager dans le commerce.
Son style : élégant.
Un message : « Je suis une personne positive et ma tenue doit le montrer. »
Son accessoire : « Mes boutons de manchette, hérités de mon grand-père. »

b. MAXIME
Son job : directeur d'une start-up.
Son style : casual et made in France pour la marinière.
Un message : « Viens en tongs si tu veux, mais il faut travailler ! »
Son accessoire : « Mon bonnet. Je l'adore. »

c. MATHIEU
Son job : directeur artistique dans le cinéma.
Son style : frais et dynamique.
Un message : « Être bien habillé, ne jamais paraître négligé. »
Son accessoire : « Ma chemise Uniqlo. »

1. a Lisez cet article et répondez aux questions.

a. Cet article parle de mode et :
☐ d'études. ☐ de travail. ☐ de loisirs.

b. Les managers sont jugés sur leur :
☐ style vestimentaire. ☐ manière de parler.

c. Quels styles de tenues sont cités ? …………

d. Quels styles de management sont cités ?
…………

e. Selon une étude de 2006, combien de temps faut-il pour avoir une opinion sur quelqu'un ?
…………

b Lisez les descriptions des trois managers et associez-les à la bonne image.

1	2	3
…	…	…

S'exercer

LA MODE

2. Placez les mots suivants sous l'image qui correspond.

des accessoires | un tatouage | un défilé | du maquillage

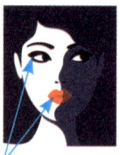   

a. ……… b. ……… c. ……… d. ………

DES VERBES D'ACTION

3. Retrouvez les verbes à partir des noms.

a. une transformation ➔ …………
b. un changement ➔ …………
c. une évolution ➔ …………
d. une innovation ➔ …………

UNITÉ 7

LA LIAISON

4. ▶75 | Écoutez et notez les liaisons ‿
   a. De jolis accessoires.
   b. Un petit éventail.
   c. Elles évoluent.
   d. Il s'en inspire.
   e. Ils innovent.

> **Liaison obligatoire**
> article + nom : un‿artiste
> adjectif + nom : un grand‿artiste
> sujet + verbe : ils‿inspirent
> à l'intérieur du groupe verbal : il les‿appelle

5. ▶76 | Notez les liaisons ‿ puis écoutez pour vérifier.
   a. Il y a des évolutions importantes dans la mode.
   b. Il y a de grandes évolutions dans la mode.
   c. Les stylistes innovent avec plusieurs accessoires.
   d. Ils innovent avec beaucoup d'accessoires.

> **Liaison interdite**
> groupe nominal + verbe :
> les traditions évoluent
> nom + adjectif : les tresses africaines

PASSÉ COMPOSÉ ET IMPARFAIT

6. Classez les phrases dans le tableau.
   a. Ses collections étaient originales.
   b. J'ai toujours aimé la haute couture.
   c. La mode a toujours évolué.
   d. En 1980, les vêtements étaient confortables.
   e. Avant, les femmes portaient des robes longues.
   f. Un jour, j'ai changé de style.

Description / Contexte	Changement	Continuité
....	....	....
....	....	....

7. a Réécrivez cette biographie au temps du passé qui convient.
   a. C'............ (être) un **gr**and coutur**i**er français.
   b. En 1952, il .... (créer) sa propre maison de **h**aute couture.
   c. Il .... toujours .... (s'inspirer) de Balen**c**iaga
   d. Aud**r**ey Hebpurn .... (être) son égérie, son **i**nspiratrice.
   e. Il .... finalement .... (créer) une lign**e** de prêt-à-porter de luxe.

b De qui s'agit-il ? Retrouvez son nom grâce aux lettres surlignées.

__ __ V __ __ __ __

LES ANTONYMES

8. Complétez la grille en trouvant le contraire des mots proposés.
   1. neuf **2.** national **3.** long **4.** démodé
   5. classique **6.** à la mode **7.** inconfortable

Produire

9. Racontez comment la mode a évolué dans votre pays. Enregistrez-vous.

10. Parlez d'un changement vestimentaire entre la génération de vos grands-parents et votre génération.

Mémoriser

11. Observez et associez.

De jolis‿accessoires •   • nom + adjectif : pas de liaison
Des accessoires originaux • • adjectif + nom : liaison

soixante-dix-sept **77**

Situation 2 — Retrouver sa famille

Comprendre

Date de sortie : 5 septembre 2018 (1h39)

De Cecilia Rouaud

Avec Vanessa Paradis, Camille Cotin, Pierre Deladonchamps, Chantal Lauby, Jean-Pierre Bacri

Genre : Drame, Comédie

Nationalité : Française

SYNOPSIS

Gabrielle, Elsa et Mao sont frères et sœurs, mais ne se côtoient pas. Surtout pas.
La première est « statue » pour touristes, au grand dam de son fils ado. Elsa, elle, est en colère contre la terre entière et désespère de tomber enceinte. Et Mao, Game designer de génie chroniquement dépressif, noie sa mélancolie dans l'alcool et la psychanalyse.
Quant à leurs parents, Pierre et Claudine, séparés de longue date, ils n'ont jamais rien fait pour resserrer les liens de la famille.
Pourtant, au moment de l'enterrement du grand-père, ils vont devoir se réunir, et répondre, ensemble, à la question qui fâche : « Que faire de Mamie ? »

1. a) Lisez la présentation du film et répondez aux questions.
   a. Quand le film est-il sorti au cinéma ? ....
   b. Qui a réalisé le film ? ....
   c. Qui sont les acteurs ? ....

b) Lisez le synopsis et notez les prénoms des personnages.
   a. Elsa   b. ....   c. ....   d. ....   e. ....

S'exercer

LA FAMILLE

2. Retrouvez les membres de la famille grâce aux définitions.
   a. Le frère de mon père, c'est mon ....
   b. La mère de ma mère, c'est ma ....
   c. Le fils de mon oncle, c'est mon ....
   d. La sœur de mon père, c'est ma ....
   e. La fille de ma sœur, c'est ma ....

LES PARTICIPES PASSÉS

3. ▶77 | Écoutez et complétez avec les participes passés entendus.
   a. Les enfants ont ....
   b. Paul est .... écrivain.
   c. Il lui a .... un stylo.
   d. Il a toujours .... écrire.
   e. Il a .... un blog.

UNITÉ 7

DES VERBES D'ACTION

4. Complétez la présentation de l'application *Geneanet* avec les verbes suivants, conjugués ou pas.

donner | ressembler | retrouver | chercher

Replongez dans le passé avec *Geneanet* !
On vous propose de ………………… vos ancêtres et réaliser votre arbre généalogique.
Vous pourrez voir qui ………………… à votre arrière-grand-mère !
Votre généalogie a-t-elle déjà été faite ? Donnez quelques informations sur votre famille et nous ………………… sur notre catalogue.
Avec *Geneanet Premium*, partagez vos découvertes avec votre famille : une manière originale pour ………………… des nouvelles !

LES VOYELLES [i], [e] ET [ɛ]

5. ▶78 | Vous entendez quel(s) son(s) ?
a. [i] ☐   [e] ☐   [ɛ] ☐
b. [i] ☐   [e] ☐   [ɛ] ☐
c. [i] ☐   [e] ☐   [ɛ] ☐
d. [i] ☐   [e] ☐   [ɛ] ☐
e. [i] ☐   [e] ☐   [ɛ] ☐

6. a Complétez les mots.
a. un b….jou
b. un h….nn….
c. un cr….ateur
d. une tr….sse
e. un anc….tre
f. une pi….ce de collection

b Comment ça s'écrit ?
[i] : …   [e] : ….   [ɛ] : ….

LA CAUSE ET LA CONSÉQUENCE

7. ▶79 | Écoutez et cochez la case qui convient dans le tableau.

	cause	conséquence
a.		
b.		
c.		
d.		

8. Complétez avec :
grâce à | donc | c'est pourquoi | parce que
a. J'ai appris à faire du vélo ………………… mon père.
b. Je sais faire du vélo ………………… mon père m'a appris.
c. Je lis beaucoup ………………… ma mère.
d. Ma mère adore la littérature…………………, elle m'a lu beaucoup d'histoires !
e. Je ne connais pas mes ancêtres…………………, je fais un arbre généalogique.

Produire

9. Vous voulez faire un arbre généalogique. Expliquez à vos proches pourquoi ils doivent vous aider.

10. Un(e) ami(e) vous téléphone pour vous demander des nouvelles de votre famille. Répondez-lui en vous enregistrant.

Mémoriser

11. a Observez et associez.

Grâce à •   • + verbe conjugué
Parce que •   • + nom
Donc/Alors •   • + « , »

b Écrivez trois phrases avec ces éléments. Utilisez *grâce à*, *parce que*, *donc*.
Ma mère : cinéphile – Moi : acteur

………………………………………………………
………………………………………………………

Raconter son histoire

Comprendre

« Objets privés, histoires partagées »

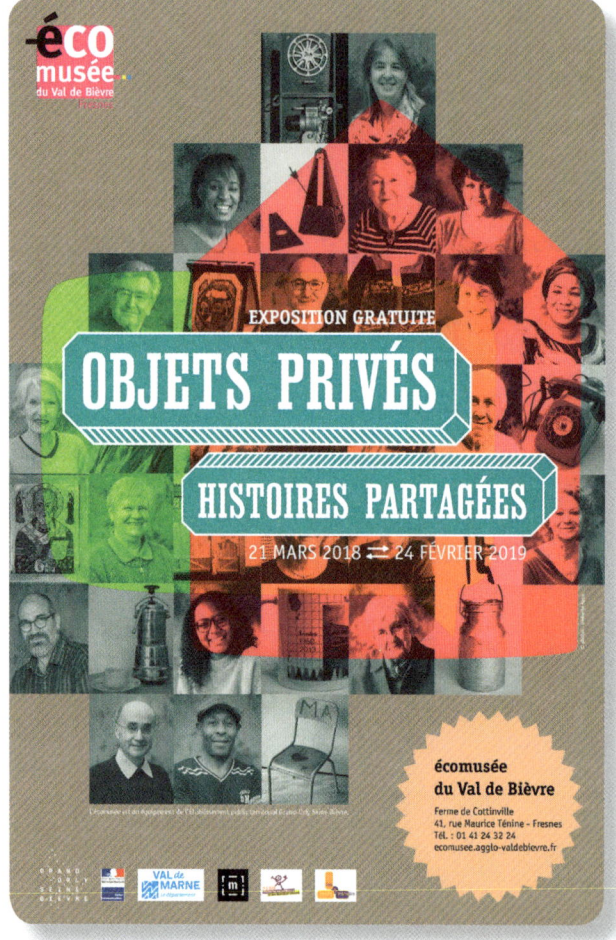

Comment accompagner les habitants pour valoriser leur patrimoine ? C'est le but du projet participatif présenté par l'exposition « Objets privés, histoires partagées ».

L'écomusée du Val-de-Bièvre a invité tous les habitants de la ville de Fresnes, sans aucune obligation bien sûr, à choisir des objets personnels, parfois du quotidien, qui représentent le patrimoine commun et l'histoire de leur ville, à transmettre ou à partager. À travers ces objets et surtout l'histoire qu'ils racontent, c'est donc un bout de l'histoire fresnoise qui nous est contée. Les 45 objets exposés sont regroupés en 11 thématiques et enrichis de plusieurs vidéos et de quelques entretiens.

Alors laissez-vous conter ces petites histoires grâce à la lampe à pétrole de Jacques, à la tasse de Fatima, à la mobylette de Michèle ou encore au thermomètre de Maurice…

UNITÉ 7

1. ⓐ Observez l'image.

Il y a des personnes et : ❑ des objets d'art.
❑ des objets modernes.
❑ des objets anciens.

ⓑ Lisez le titre. C'est une affiche pour :
❑ un concert. ❑ une exposition.
❑ une rencontre entre voisins.

ⓒ Lisez le début du texte de présentation.

Il y a des informations sur :
❑ les objets exposés. ❑ l'objectif de l'exposition.
❑ les personnes qui participent à l'exposition.

ⓓ Lisez le texte en entier et répondez aux questions.

a. Quel est le but de l'exposition ?
....
b. Qui participe à l'exposition ?
....
c. Où se passe l'exposition ?
....
d. Qu'est-ce qui est exposé ?
....
e. Qu'est-ce qui est raconté ?
....

2. Quels objets peut-on voir dans l'exposition « Objets privés, histoires partagées » ? Cochez les objets cités dans le texte.

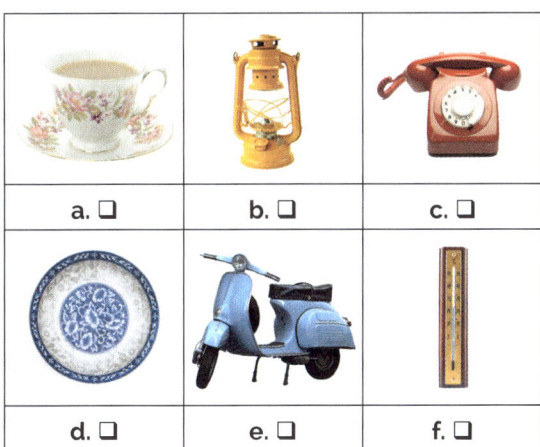

a. ❑	b. ❑	c. ❑
d. ❑	e. ❑	f. ❑

S'exercer

LES INDÉFINIS DE QUANTITÉ

3. Vrai ou faux ? Justifiez vos réponses.

a. La moitié des habitants a été invitée à participer.
❑ Vrai ❑ Faux
....
b. Les habitants n'étaient pas obligés de participer.
❑ Vrai ❑ Faux
....
c. Les entretiens sont plus nombreux que les vidéos.
❑ Vrai ❑ Faux
....

4. Complétez avec *tous*, *chaque*, *plusieurs* et *quelques* en vous aidant des images.

a. .... feutre est différent.

b. .... les feutres sont bleus.

c. Il y a........................ feutres bleus.

d. Il y a........................ feutres bleus.

Produire

5. Videz votre sac ! Filmez-vous et décrivez les objets présents sur votre table de nuit.

6. Quels objets sont importants pour vous ? Pourquoi ? Décrivez ces objets en utilisant les indéfinis de quantité.

Mémoriser

7. ⓐ Observez et associez.

Tous • • habitant
Toutes • • habitante
Aucun • • les habitants
Aucune • • les habitantes

ⓑ Écrivez 4 clichés sur les habitants de votre pays ! Utilisez *tous*, *toutes*, *aucun*, *aucune*.

....
....
....

quatre-vingt-un **81**

mémo

J'agis

a Je définis mon style vestimentaire :

❏ moderne

❏ rétro/vintage

❏ classe

❏ confortable

b Je raconte l'histoire de mon vêtement préféré.

....
....
....

c Mes 5 manières de demander des nouvelles.

1. ....
2. ....
3. ....
4. ....
5. ....

d Je décris mon objet porte-bonheur.

....
....
....
....

Je coopère

a Je connais quelqu'un qui :
- a changé de style.
- a changé de voie.
- garde le contact avec sa famille.

b Quel est l'objet préféré :
- de mon/ma voisin(e) de gauche ?
- de mon/ma voisin(e) de droite ?
- de mon/ma professeur(e) ?

c Je liste les objets à toujours avoir en classe et pourquoi.

○ .... pour ....
○ .... pour ....
○ .... pour ....

d Je sais pourquoi :
- mes voisins apprennent le français.
- mon professeur enseigne le français.

UNITÉ 7

✓ J'apprends

JE SUIS…	JE FAIS LE POINT SUR MON APPRENTISSAGE
… super motivé(e) Je sais pourquoi j'apprends le français ! 	Je lis attentivement les questions et les réponses proposées. ○ Je liste mes motivations pour apprendre le français. ○ Je raconte l'histoire de mon apprentissage du français. ○ Je décris les objets dont j'ai besoin pour apprendre le français.
JE DÉCOUVRE DES STRATÉGIES	**J'APPLIQUE LES STRATÉGIES**
Quand j'écris une histoire, j'organise mes idées. 	ⓐ Remettez ces parties de l'histoire dans l'ordre : **a.** Situation finale **b.** Problème **c.** Événement **d.** Situation initiale ⓑ Quels temps utilisez-vous pour chacune de ces parties ? …………………………………………… ……………………………………………

Je respire

▶ 80 | Écoutez le début de cette histoire et imaginez la suite.

quatre-vingt-trois **83**

Bilan LINGUISTIQUE

GRAMMAIRE

1 Remettez les mots dans l'ordre.

a. toujours / a / adoré / haute couture / Elle / la ➡ ....
b. Il / proposer / voulait / du monde / sa / vision ➡ ....
c. finalement / devenu / styliste / est / Il ➡ ....
d. collection / Sa / colorée / très / était ➡ ....
e. Il / toujours / s'est / inspiré / de / origines / ses ➡ ....

2 Soulignez la bonne réponse.

a. Il *a toujours préféré/préférait toujours* ce créateur.
b. Un jour, il *a changé/changeait* de style.
c. Il *a finalement créé/créait finalement* sa maison de haute couture.
d. Ce défilé *a été /était* exceptionnel !
e. Avant, les hommes *ont porté/portaient* des costumes.

3 Complétez avec *alors, grâce à, parce que* et *parce qu'*.

a. Il a réalisé un arbre généalogique .... son grand-père.
b. Il a réalisé un arbre généalogique .... sa mère lui a demandé.
c. Il voulait proposer sa vision du monde. .... il a créé une collection.
d. Ils se sont pacsés .... ils s'aimaient.
e. Ils se sont rencontrés .... leur meilleur ami.

4 Complétez avec *tous, toutes, chaque, quelques, plusieurs*.

a. Dans .... pièce de mon appartement, il y a une peinture.
b. Il y a des plantes vertes dans .... les pièces de mon appartement.
c. Je n'aime pas trop le jaune, mais j'ai .... pantalons de cette couleur.
d. J'adore les foulards ! J'en ai .... dans mon armoire.
e. J'adore la mode ! Je regarde .... les défilés à la télé.

LEXIQUE

1 Entourez l'intrus.

a. un bijou | un bracelet | un foulard | une coiffure
b. changer | transformer | proposer | devenir
c. un créateur | un architecte | un styliste | un couturier
d. une collection | un tatouage | un défilé | une marque
e. modifié | original | classique | moderne

UNITÉ 7

2 **Complétez les phrases avec les verbes** *changer, trouver, proposer, présenter, remettre* **conjugués au présent.**

☆☆☆☆☆

    a. Ce créateur .... sa nouvelle collection !

    b. Il .... sa vision de la femme de tous les jours.

    c. Il .... au goût du jour les motifs fleuris.

    d. Il .... son inspiration dans le cinéma des années 1920.

    e. Il .... de style.

3 **Complétez la grille.**

☆☆☆☆☆

    1. Séparé après un mariage.

    2. Uni par un mariage.

    3. Personne qui fait partie d'une famille.

    4. En France, contrat qui unit deux personnes.

    5. Personne de sa famille, qui vivait il y a longtemps.

4 **Regardez les images et complétez les descriptions.**

☆☆☆☆☆

    a. un portefeuille .... (forme), en .... (matière), ... (couleur).

    b. un bracelet en .... (matière), ... (couleur).

    c. un foulard en .... (matière), ... (couleur).

    d. des boucles d'oreilles .... (forme), en .... (matière).

    e. une assiette .... (forme), en .... (matière), ... (couleur).

PHONÉTIQUE

1 ▶81 | **Écoutez et notez les liaisons.**

☆☆☆☆☆

    a. C'est un grand artiste.

    b. Ils ont retrouvé leur famille.

    c. Tu as rapporté quelques objets ?

    d. Elle y trouve son inspiration.

    e. Elles en proposent plusieurs.

2 ▶82 | **Vous entendez quel(s) son(s) ?**

☆☆☆☆☆

    a. [i] ☐   [e] ☐   [ɛ] ☐

    b. [i] ☐   [e] ☐   [ɛ] ☐

    c. [i] ☐   [e] ☐   [ɛ] ☐

    d. [i] ☐   [e] ☐   [ɛ] ☐

    e. [i] ☐   [e] ☐   [ɛ] ☐

PRÉPARATION au DELF

Compréhension de l'oral   10 points

Répondez aux questions en cochant ☑ la bonne réponse ou en écrivant l'information demandée.

▶ 83 | **Écoutez et répondez aux questions.**

1. Quel est le sujet de l'émission ? ☐ L'histoire familiale. ☐ Les souvenirs de famille.
2. Combien de Français s'intéressent à la généalogie ? .... %
3. Quel est le travail de l'invité ? ....
4. Pour l'invité, son travail, c'est : une .... , un .... et un ....
5. Pour Mamadou, qu'est-ce qui est très important ? Pourquoi ? ....
....
6. Qui Pascal ne connaît pas ? ....

Compréhension des écrits   10 points

Répondez aux questions en cochant ☑ la bonne réponse ou en écrivant l'information demandée.

Nanawax, l'autre histoire de Maureen Ayité, créatrice de mode

Ma grand-mère vendait des vêtements. Elle a commencé quand elle avait 15 ans. Moi, j'étais comme toutes les autres petites filles, je ne voulais pas m'habiller comme une « villageoise ». Adolescente, j'ai commencé à récupérer les morceaux de vêtements de ma grand-mère pour me faire de petites pochettes, de petites boucles d'oreilles. En 2008, arrivée à Paris, j'étais un peu déprimée. J'ai décidé de créer un groupe Facebook pour partager des créations que je trouvais extraordinaires. Je postais aussi mes propres tenues sans ma tête. Je ne voulais pas qu'on sache qui j'étais. J'étudiais la langue des sourds. Rien à voir avec le design ! Plein de gens me demandaient de reproduire les pièces que je créais. Alors, un jour, j'ai mis un tout petit message sur Facebook : « Venez acheter. J'organise une petite vente privée chez une amie. » Je voulais juste un peu d'argent pour aller en Bulgarie faire mon stage à l'école des sourds. Le jour de la vente privée, il y a eu près de deux cents personnes pour une vingtaine de bracelets ! Alors, j'ai annulé le stage, j'ai continué les ventes privées. Et maintenant, j'ai sept boutiques !

Copyright 2016 irawotalents.com

1. Grâce à qui Maureen Ayité est-elle devenue créatrice ?
☐ Aux villageoises.   ☐ À ses amies.   ☐ À sa grand-mère.
2. Que fabriquait-elle quand elle était adolescente ?
☐ Des accessoires.   ☐ Des vêtements.   ☐ Des objets design.
3. Quelles études faisait-elle avant de devenir créatrice ? ....
4. Qu'a-t-elle organisé pour gagner un peu d'argent ? ....
5. Combien de boutiques possède-t-elle aujourd'hui ? ....
6. Choisissez « vrai » ou « faux ». Justifiez en citant une phrase ou une expression du texte.

	Vrai	Faux	Justification
a. Elle était très contente de venir à Paris.			
b. Sur Facebook, elle partageait seulement des photos de ses créations.			
c. Elle voulait absolument devenir connue.			
d. À l'origine, elle devait partir en Bulgarie pour faire un stage.			
e. Le jour de la vente privée, une vingtaine de personnes sont venues.			

UNITÉ 7

Production écrite — 25 points

Vous êtes inscrit(e) sur un blog de voyage. Racontez à la communauté un souvenir de vacances (environ 80 mots).

Le blog du voyageur

À PROPOS   CONTACT   PRÉPARATIFS   RÉCITS   PHOTOS/VIDÉO   RECHERCHER

Accueil / Itinéraire

Production orale — 25 points

▶ **Partie 1 — Entretien dirigé**

Après avoir salué votre examinateur, vous vous présentez puis vous parlez de votre famille. L'examinateur vous posera des questions complémentaires.

▶ **Partie 2 — Monologue suivi**

Vous tirez au sort 2 sujets et vous en choisissez 1. Vous vous exprimez sur le sujet. L'examinateur peut ensuite vous poser des questions pour vous aider.

Sujet 1 : Changement
Est-ce que vous aimez le changement ? Pourquoi ? Qu'est-ce que vous avez déjà changé dans votre vie ? Qu'est-ce que vous aimeriez changer ?

Sujet 2 : Objets
Quels sont les objets qui vous rappellent des souvenirs ? Décrivez-les.

▶ **PARTIE 3 — Exercice en interaction**

Choisissez un sujet. Jouez la situation avec l'examinateur.

Sujet 1 : Nouvelles
Vous avez retrouvé un(e) cousin(e) que vous ne connaissez pas. Vous lui téléphonez pour vous présenter et vous lui demandez des nouvelles de votre famille.
L'examinateur joue le rôle du/de la cousin(e).

Sujet 2 : Famille
Vous travaillez pour un réseau social familial. Un(e) client(e) vous appelle pour avoir des informations sur les services que vous proposez. Présentez-lui les avantages d'une inscription sur ce réseau.
L'examinateur joue le rôle du/de la client(e).

SITUATION 1 — Rendre service

Comprendre

1. ▶84 | Écoutez. Pour chaque personne, indiquez où la personne rend service et quel service elle rend.

	Lieu du service	Service(s) rendu(s)
1.		
2.		
3.		
4.		

S'exercer

S'ENGAGER

2. Complétez l'annonce à l'aide des mots suivants.
mission | aider | volontaire | réserver | au service | service civique

Faites un .... !
Où ? À Quimper
Quand ? du 15 janvier au 23 décembre
.... : aider les personnes handicapées à partir en vacances.
L'objectif est d' .... des personnes handicapées à .... les hôtels ou les transports pour partir en vacances.
Le .... aura aussi l'occasion de partir avec les personnes seules et de participer aux activités choisies. Il sera .... de la personne handicapée pour faciliter les déplacements et l'organisation des activités.

RENDRE SERVICE

3. Complétez le texte avec les mots suivants.
lien social | domicile | propose | association | besoin | généreuses | ouvrent

Le Carillon est une .... qui .... des services aux personnes sans .... Les commerçants .... leur porte aux personnes dans le .... Par ces actions ...., l'association crée du ....

L'IMPÉRATIF ET LES PRONOMS INDIRECTS

4. Complétez les phrases avec un pronom indirect.
a. Expliquez- .... la mission. (aux volontaires)
b. Demande- .... de quoi il a besoin. (à la personne en difficulté)
c. Donne- .... des informations sur l'association. (à mon frère et moi)
d. Offrez- .... votre aide. (aux voisins)
e. Présentez- .... votre CV. (à l'employeur)

5. Pour chaque situation, proposez une solution. Utilisez l'impératif avec un pronom indirect.
a. Il y a des personnes qui n'ont pas suffisamment à manger.
→ ....
b. L'association a besoin de volontaires.
→ ....
c. Les commerçants ne connaissent pas l'association.
→ ....
d. Ma voisine a besoin d'aide.
→ ....
e. Je ne connais personne dans mon quartier.
→ ....

UNITÉ 8

LES CONSONNES [t] ET [d]

6. ▶85 | Écoutez et dites si la prononciation est identique (=) ou différente (≠).

	a.	b.	c.	d.	e.	f.
=						
≠						

7. a Retrouvez les mots grâce aux définitions et aux lettres.
  a. Une personne qui s'engage
  ➔ un _ _ _ _ _ T _ _ _ _
  b. Un lieu en travaux
  ➔ un _ _ _ _ T _ _ _
  c. Une alliance, une association
  ➔ un _ _ _ T _ _ _ _ _ _ _
  d. Nom utilisé dans l'expression « ouvrir sa … »
  ➔ _ _ _ T _
  e. Contraire de *gêner*, d'*empêcher*
  ➔ _ _ D _ _
  f. verbe utilisé dans l'expression « … service »
  ➔ _ _ _ D _ _

b Comment ça s'écrit ?
  [t] : ……… [d] : ………

LES ABRÉVIATIONS

8. Lisez l'annonce et remplacez les abréviations par les mots complets.

ANNONCE

Info : Service civique.
Rdv : jeudi 13 mai
À 19 **h dvt** la **s.** Henri Dunant
Contact : P. Plancke
tél. : 06 39 41 52 11

Info : ………………   dvt : ………………
Rdv : ………………   s. : ………………
h : ………………   tél. : ………………

Produire

9. Quels services pouvez-vous rendre aux personnes suivantes ? Écrivez des propositions. Variez les expressions.
  a. vos voisin(e)s ➔ ………………………………
  ………………………………………………………
  b. une personne sans domicile ➔ ……………
  ………………………………………………………
  c. une personne de votre famille ➔ …………
  ………………………………………………………
  d. un(e) étudiant(e) de la classe ➔ …………
  ………………………………………………………

10. Lisez le message et écrivez un message de réponse.

```
À :    lmichel@yahoo.fr
De :   nolderson@gmail.com
Objet : Les Restos du cœur

Bonsoir Louise,
Alors, tu as déjà travaillé pour les Restos du cœur ?
Qu'est-ce que tu as fait exactement ?
C'était une bonne expérience ?
Raconte-moi vite !
Niel
```

Réponse :

```
À :    nolderson@gmail.com
De :   lmichel@yahoo.fr
Objet : Les Restos du cœur
```

Mémoriser

11. a Associez.
  ouvrir • • à une action
  proposer • • service
  rendre • • des services
  participer • • sa porte

b Retrouvez les mots.
  a. Une personne qui s'engage ➔ un v……………
  b. Un travail, une action ➔ une m……………
  c. Un échange ou un travail commun ➔ un p……………

SITUATION 2 — Améliorer un logement

Comprendre

Léon vous attend à la Maison de la Rénovation

La Maison de la Rénovation est un lieu unique pour permettre aux habitants du territoire d'être mieux informés sur tous les dispositifs existants et les aides financières possibles pour rénover son logement.

Besoin de remplacer vos fenêtres, d'isoler votre logement, de changer votre chaudière…, venez me rencontrer à la Maison de la Rénovation : 20, rue du Maréchal Foch à Louviers ou appelez-moi au 02 32 59 25 70.

Je suis là pour vous accompagner. Des aides financières existent, il y en a forcément une pour vous ! Conseils gratuits, services proposés par l'Agglomération Seine-Eure et l'Agence locale de l'énergie et du climat de l'Eure.

Communauté d'agglomération Seine Eure.

1. a Lisez l'affiche.
Que propose Léon ? Pour faire quoi ? ....

b Lisez le texte.
a. Pour améliorer son logement, qu'est-ce qu'on peut faire ? ....
....
b. Léon peut : ❑ donner des aides financières. ❑ aider à trouver des aides financières.
              ❑ donner des conseils de rénovation. ❑ faire des travaux de rénovation.

S'exercer

DES OBJETS DE LA MAISON

2. Complétez la grille avec un objet de la maison.
1. On s'assoit dessus.
2. Il est utile pour monter.
3. On y prépare les repas.
4. Il y en a dans un bureau.
5. On y met ses affaires.

UNITÉ 8

LE LOGEMENT

3. Complétez l'annonce avec les mots suivants.
parking | cuisine | canapé-lit | salles de bains | rangements | chambres | chauffage | salon | douche

> **Appartement à louer – La Plaine**
> grande .... ouverte sur le ....
> équipé d'un .... Trois grandes
> .... avec ....
> Deux .... avec ....
> Place de .... devant l'immeuble.
> .... électrique.

4. ▶86 | **Écoutez. Qu'est-ce qui a changé ? Notez les changements.**

	Vrai	Faux	Changements
1. On a agrandi les pièces.			
2. Les fenêtres sont plus grandes.			
3. La couleur des murs a changé.			
4. On a changé le chauffage.			
5. C'est mieux isolé.			

LES CONSONNES [p], [b], [f] ET [v]

5. ▶87 | **Écoutez et cochez ce que vous entendez.**
- a. ☐ porte ☐ forte
- b. ☐ bain ☐ pain
- c. ☐ volet ☐ bolet
- d. ☐ chauffe ☐ chauve
- e. ☐ fenêtre ☐ veut naître
- f. ☐ il parvient ☐ il part bien

6. ▶88 | **Écoutez et cochez les sons que vous entendez.**

	a.	b.	c.	d.	e.	f.
[p]						
[b]						
[f]						
[v]						

LE BUT

7. Associez les propositions.
1. Je demande un visa…
2. Il met une annonce…
3. Nous nous entraînons…
4. Demandez des informations…
5. Faites tous les exercices…
6. Téléphonez-lui…

a. …pour participer au marathon de Paris.
b. …afin de connaître les lieux à visiter.
c. …afin de réussir le test.
d. …pour partir au Kenya.
e. …pour savoir s'il est disponible.
f. …afin de louer son appartement pendant les vacances.

1.	2.	3.	4.	5.	6.

LES VERBES COMME RENDRE

8. Entourez la forme qui convient.
a. Mes voisins me *rendons / rend / rendent* service pour déménager.
b. Chaque année, il *vends / vendent / vend* des gâteaux pour l'association.
c. Nous vous *attendons / attendez / attendent* avec impatience.
d. Vous *entend / entendent / entendez* la musique ?
e. Qu'est-ce que tu *attend / attendez / attends* ?

Produire

9. Choisissez un type de logement original (péniche, yourte…). Expliquez à votre voisin(e) dans quel but vous choisissez ce logement.
Exemple : Je voudrais vivre dans une péniche afin de me sentir toujours en vacances.

10. Vous avez fait des rénovations dans votre appartement. Vous écrivez un mail à votre ami pour lui décrire les changements. Expliquez dans quel but vous avez fait ces changements.

Mémoriser

11. ⓐ Quels équipements sont écologiques ?
- ☐ Les volets ☐ Les rangements
- ☐ Les ampoules basse consommation
- ☐ La ventilation ☐ Le double vitrage
- ☐ L'isolation des murs

ⓑ Trouvez l'intrus.
a. rénover – isoler – faire des travaux – aménager – louer
b. un locataire – un escalier – un propriétaire

ⓒ Citez…
a. deux objets du salon.
b. trois pièces de la maison.
c. trois moyens d'améliorer son logement

quatre-vingt-onze **91**

SITUATION 3 — Exprimer un souhait

Comprendre

Conseils et check-list pour votre déménagement

Déménager est fatigant et stressant ?
Pas de problème, MOVU est là pour vous soutenir dans cette démarche. Nous allons vous donner une check-list de déménagement.

Premières étapes avant votre déménagement
Prenez, si possible, quelques jours de vacances avant et après le déménagement pour vous laisser le temps de vous organiser et de vous installer dans votre nouvel appartement. Pour finir, n'oubliez pas le transfert de votre ligne internet, téléphone et télévision à votre nouvelle adresse.

4 semaines avant le déménagement
Préparez en avance les cartons, le matériel d'emballage, les autocollants. Planifiez les réparations ou rénovation de l'ancien appartement.

3 semaines avant le déménagement
N'oubliez pas de réserver une place de parking devant le nouveau logement.

1 semaine avant le déménagement
Démontez un meuble chaque soir. Protégez les objets délicats. Assurez-vous d'avoir une boîte à outils, des pansements, du scotch, des sacs poubelle.

Le jour J
C'est bientôt fini. Aujourd'hui vous pouvez aller chercher votre camion : aidez vos amis à mettre les cartons et le mobilier dans les bonnes pièces. Ouf, c'est fini. Vous avez réussi !

MOVU AG

UNITÉ 8

1. ⓐ Je lis le texte. J'ai compris et je choisis.

a. Le texte présente des démarches pour acheter un nouveau logement.
❑ Vrai.   ❑ Faux.

b. Il faut s'organiser plusieurs semaines avant le déménagement.
❑ Vrai.   ❑ Faux.

ⓑ Associez.

1. Je réserve un stationnement pour le déménagement.
2. J'informe les services de mon déménagement.
3. Je démonte les meubles.
4. J'indique dans quelle pièce il faut mettre les cartons.
5. J'organise des travaux de rénovation.
6. Je commence les cartons.

a. le plus tôt possible
b. 4 semaines avant
c. 3 semaines avant
d. 1 semaine avant
e. le jour du déménagement

1.	2.	3.	4.	5.	6.

ⓒ Et vous, est-ce que vous donnez des choses quand vous déménagez ?

....

S'exercer

LA CONDITION

2. Choisissez une expression et complétez les conditions dans le texte.

rédiger mon testament | parvenir | contacter | engager un détective

Pour mon déménagement, si je peux, je .... un service de déménagement.
Si je .... à acheter une maison, je .... chez un notaire.
Si je n'ai pas d'héritier, j'........................
pour retrouver des membres de ma famille.

3. Complétez les phrases de condition.

a. Si tu renouvelles ton visa à temps, tu .... (pouvoir) partir en Australie.
b. Si je déménageais dans le centre ville, j'........................ (habiter) près de chez toi.
c. Si j'........................ (hériter), j'achèterai une grande maison.
d. Si vous .... (rédiger) un testament, il faudrait aller chez le notaire.
e. Si nous passons devant la banque, je .... (retirer) de l'argent.

4. Regardez les images. Associez une image à une démarche.

a.    b.    c.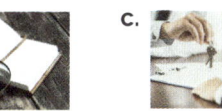

d.    e.    f.

se marier	
faire une demande de passeport	
louer une maison	
engager un détective	
prendre contact	
faire une demande de carte bancaire	

Produire

5. Vous allez déménager et vous contactez un service de déménagement. Écrivez un mail pour connaître leurs tarifs selon différentes options (location du camion, distance, étages, déplacement des meubles et/ou des objets...).
Utilisez l'expression de la condition (*si*...).

6. Vous demandez de l'aide à un ami pour faire du tri dans vos affaires. Il vous pose des questions sur vos souhaits pour savoir quels objets garder ou jeter.

Mémoriser

7. ⓐ Observez.
• Si je pouvais, je déménagerais aux Antilles !
• Si nous avons le temps, nous passerons vous voir.

ⓑ Associez un verbe à un temps / mode et conjuguez-le.

Pouvoir •   • indicatif présent
Déménager •   • indicatif imparfait
Avoir •   • conditionnel présent
Passer •   • indicatif futur

mémo

✓ J'agis

a Mes engagements
- Une association que je soutiens :
→ ....
- Un service que je peux rendre :
→ ....
- Un souhait que je peux réaliser :
→ ....

b Ma déco…
- La pièce de la maison que je préfère :
→ ....
- Ma couleur préférée pour cette pièce :
→ ....
- Les meubles de la pièce :
→ ....
- L'ambiance que je recherche :
→ ....

c J'écris trois choses qui m'énervent et j'y associe une expression qui montre mon mécontentement.

1. ....
Expression : ....

2. ....
Expression : ....

3. ....
Expression : ....

d Mes souhaits
- Si je parlais parfaitement français, …
- Si j'étais riche, …
- Si j'avais un super pouvoir, …

✓ Je coopère

a J'écris le souhait de trois personnes de la classe.
1. ....
2. ....
3. ....

b On fixe un but pour la classe :
○ Parler uniquement français.
○ Se faire plaisir dans la classe.
○ Apprendre cinq nouveaux mots par jour.
○ …

c Comment est le logement…
○ de votre voisin(e) de droite ?
○ de votre voisin(e) de gauche ?
○ de votre professeur(e) ?

d J'écris les abréviations que mes voisin(e)s utilisent souvent.
ex : *exemple*
....
....
....

94   quatre-vingt-quatorze

UNITÉ 8

✓ J'apprends

JE SUIS...

*...super déterminé(e)
Je vais droit au but !*

JE FIXE DES BUTS POUR MON APPRENTISSAGE

- ○ Je sélectionne les objectifs importants pour moi et je les écris.
- ○ Je mémorise … mots par jour / semaine pour enrichir mon vocabulaire.
- ○ Je fais … exercices de grammaire par jour afin d'avoir des automatismes.
- ○ J'écris … phrases par jour pour écrire plus vite.
- ○ Je vérifie que j'ai atteint mes objectifs tous les … afin de rester motivé(e).

JE DÉCOUVRE DES STRATÉGIES

Je montre les expressions sur mon visage.

J'APPLIQUE LES STRATÉGIES

a Observez le visage. Qu'est-ce qui montre la colère ?

....

b Qu'est-ce qu'il faut faire pour montrer les émotions suivantes ?
- ○ la surprise ➜ ....
- ○ la joie ➜ ....
- ○ la tristesse ➜ ....

c Montrez ces émotions sur votre visage.

Je respire

C'est l'heure de rêver !

Si j'étais président…

Si je parlais toutes les langues…

Si …

Si …

Bilan LINGUISTIQUE

GRAMMAIRE

1 **Mettez les mots dans l'ordre.**

a. des nouvelles. / Marie / pour / appelle / prendre
➜ ....

b. afin de / vous / contacté / Nous / votre avis. / connaître / avons
➜ ....

c. un rendez-vous. / afin / On / se téléphone / fixer / de
➜ ....

d. pour / Tu / des questions / comprendre. / bien / poses
➜ ....

e. rédiger / un notaire / Ils / afin / leur testament. / ont / de / contacté
➜ ....

2 **Réécrivez les phrases avec un verbe à l'impératif et un pronom indirect.**

a. Tu demandes des nouvelles à Henri.
....

b. Vous parlez à Justine et Camille.
....

c. Tu me téléphones.
....

d. Vous écrivez à vos grands-parents.
....

e. Tu offres ton cadeau à Elian.
....

3 **Choisissez la forme verbale qui convient.**

a. Si tu réussis l'examen, tu   *pourras / pourrais*   entrer à l'université.
b. Si tu   *arrives / arrivais*   à temps, on ira voir le film au cinéma.
c. Si j'avais le temps, je   *ferai / ferais*   du sport tous les jours.
d. Si Miguel retrouvait ses cousins, il   *héritera / hériterait*   de la maison.
e. Si tu fais des travaux, ton appartement   *sera / serait*   plus lumineux.

4 **Écrivez les verbes au présent.**

a. Il .... (vendre) des voitures de luxe.
b. Les bénévoles .... (rendre) service aux personnes dans le besoin.
c. Tu .... (rendre) visite à ta grand-mère tous les week-ends ?
d. Nous .... (attendre) les vacances avec impatience.
e. Vous .... (entendre) du bruit dans la rue ?

UNITÉ 8

LEXIQUE

1. Choisissez le verbe adapté à chaque situation.

aménager | bricoler | isoler | rénover | ventiler

a. Nous voulons améliorer notre logement, nous allons le ………………… .
b. J'aime beaucoup ………………… le week-end. Je fabrique et je répare des objets.
c. Ils viennent d'arriver dans cet appartement. Ils doivent encore l'………………… .
d. Les murs laissent passer le froid. Il faut …………………l'appartement.
e. On a besoin d'air. Il faut ………………… cette pièce.

2. Associez.

a. Une personne qui rend service gratuitement. • • un notaire
b. Une personne qui paye chaque mois pour habiter dans l'appartement. • • un détective
c. Une personne qui possède un logement. • • un volontaire
d. Une personne qui fait une enquête, une recherche. • • un propriétaire
e. Une personne qui lit les testaments. • • un locataire

3. Entourez l'intrus.

1. cuisine – salon – tiroir – salle de bains
2. participer – s'engager – rendre service – aménager
3. aménager – ouvrir sa porte – rénover – faire des travaux
4. résidence – logement – appartement – héritage
5. en avoir assez – être dans le besoin – en avoir marre – s'énerver

4. Complétez les phrases avec le mot qui convient.

chantier | le chauffage | l'escalier | les murs | les volets

a. Marc a repeint ………………… en vert.
b. Cette année, nous avons allumé ………………… au mois d'octobre !
c. Il y a beaucoup de vent ! Ferme les ………………… .
d. Pour faire du sport, évitez l'ascenseur et prenez ………………… .
e. Ils font des travaux, toute la maison est en ………………… .

PHONÉTIQUE

1. ▶89 | Dans quelle(s) syllabe(s) entendez-vous [t] et [d] ?

a. …… n°……   b. …… n°……   c. …… n°……
d. …… n°……   e. …… n°……

2. Retrouvez les mots avec les définitions.

Indice : Les mots contiennent [p], [b], [f] ou [v].

a. Endroit où on se lave ➜ [b] : …………………………………………………………
b. Endroit où on travaille ➜ [b] : …………………………………………………………
c. Endroit où on gare sa voiture ➜ [p] : …………………………………………………………
d. Objet qu'on peut ouvrir ou fermer ➜ [f] : …………………………………………………………
e. Objet qui protège de la lumière ➜ [v] : …………………………………………………………

PRÉPARATION au DELF

Compréhension de l'oral   10 points

Répondez aux questions en cochant ☑ la bonne réponse ou en écrivant l'information demandée.

▶ 90 | **Écoutez et répondez aux questions.**

1. Depuis combien de temps Odette fait-elle partie d'une association ?
....

2. Quelle était sa profession avant ?
....

3. Pour elle, quelles sont les qualités nécessaires pour travailler dans l'association ? Citez-en deux.
....

4. Vrai ou faux ? Choisissez.

	Vrai	Faux
a. L'association donne des repas.		
b. Odette aime travailler à la croix-rouge pour rencontrer des personnes qui travaillent à l'hôpital.		

Compréhension des écrits   10 points

Répondez aux questions en cochant ☑ la bonne réponse ou en écrivant l'information demandée.

Les bons conseils pour échanger sa maison

L'échange de maison : un bon moyen de partir en vacances avec un petit budget

Une famille de Haute-Savoie a décidé de partir un an pour faire le tour du monde. Pendant ce voyage, la famille n'a eu aucun frais de logement ! Grâce à l'échange de maison, Mathieu et Sophie ont pu profiter d'appartements ou de maisons aux quatre coins du monde. Ils nous donnent quelques conseils pour bien échanger sa maison.

D'abord, ne décidez pas de partir à la dernière minute ! Échanger sa maison n'est pas facile. Il faut comparer les logements proposés en échange et prendre contact avec les propriétaires. Ensuite, il faut apprendre à les connaître. Ils dormiront dans votre lit et utiliseront votre salle de bains. Donnez-leur toutes les informations pour éviter les mauvaises surprises. Avant de partir chez eux, demandez-leur si vous pouvez fumer, s'ils ont des animaux à garder ou des plantes à arroser. Expliquez comment utiliser l'électroménager, le chauffage, Internet…

Avant de partir, faites-leur un peu de place. Videz quelques étagères ou placards pour leur permettre de ranger leurs affaires. Sortez les poubelles, faites le ménage et surtout, prévenez vos voisins ! Et n'oubliez pas, ils sont chez vous pendant que vous êtes chez eux, alors, une fois installés, faites attention à leurs affaires.

1. Qu'est-ce que Mathieu et Sophie ont fait ?
❏ Ils ont rénové leur maison pendant les vacances.   ❏ Ils ont prêté leur maison pendant les vacances.
❏ Ils ont embelli leur maison pendant les vacances.

2. Quel est l'avantage de ce système ?   ❏ C'est rapide.   ❏ Ce n'est pas cher.   ❏ Ça dure un an.

3. De quelles pièces de la maison parle le texte ?
....

4. Qu'est-ce qu'il ne faut pas laisser dans la maison ?
....

UNITÉ 8

5. Vrai ou faux ? Choisissez. Justifiez en citant une phrase ou une expression du texte.

	Vrai	Faux	Justification
a. Mathieu et Sophie ont voyagé dans plusieurs pays.			
b. Si on a un animal, on ne peut pas faire d'échange de maison.			
c. Si on fait un échange de maison, il faut le dire aux voisins.			

6. Quel est le dernier conseil donné ?

....

Production écrite   25 points

Vous avez loué un appartement en bord de mer. Vous n'êtes pas du tout satisfait du logement. Vous écrivez un mail au propriétaire pour exprimer votre mécontentement. (environ 80 mots)

Production orale   25 points

▶ Partie 1 — Entretien dirigé
Après avoir salué votre examinateur, vous vous présentez (goûts, loisirs, études, famille, etc.) puis, vous parlez de vos souhaits, de ce que vous aimeriez faire. L'examinateur vous posera des questions complémentaires.

▶ Partie 2 — Monologue suivi
Vous tirez au sort 2 sujets et vous en choisissez 1. Vous vous exprimez sur le sujet. L'examinateur peut ensuite vous poser des questions pour vous aider.
Sujet 1 : Services
Est-ce que vous aimez rendre service ? Pourquoi ? Quels services proposez-vous à votre entourage ?
Sujet 2 : Logement
Décrivez votre logement. En êtes-vous satisfait ? Qu'est-ce que vous aimeriez faire pour l'embellir ?

▶ PARTIE 3 — Exercice en interaction
Choisissez un sujet. Jouez la situation avec l'examinateur.
Sujet 1 : Héritage
Vous avez hérité de votre oncle en Amérique. Vous expliquez à votre ami quelles démarches vous avez faites pour recevoir l'héritage. *L'examinateur joue le rôle de l'ami(e).*
Sujet 2 : Recherche appartement
Vous cherchez un nouveau logement. Vous allez voir un agent immobilier et vous décrivez le type de logement que vous recherchez. Il vous propose quelques logements. Vous posez des questions.
L'examinateur joue le rôle de l'agent immobilier.

Corrigés

Unité 1

Activité 1 .... p. 4
a. Il s'appellent Victor et Mathis.
b. On fête l'anniversaire de Mathis.
c. Les filles de Mathis ont invité sa sœur et ses parents à déjeuner. Elles ont fait un gâteau.
d. Ils vont au restaurant.
e. Ils se retrouvent chez Mathis à 20 h.

Activité 2 .... p. 4
ⓐ

(Mots croisés :)
1. LIVRE
2. CHOCOLAT
3. RESTAURANT
4. BIJOU
5. SAC
6. BÊTEMENT / BÊTE
7. BOUQUET
8. MONTRE
9. PARFUM
10. SP

ⓑ
a. une montre b. 260 euros c. Parce que c'est trop cher. d. Un dîner au restaurant.

Activité 3 .... p. 5
appelle – t'occuper – acheter – hésite – conseiller – réserve

Activité 4 .... p. 5
a. 3 b. 3 c. 4 d. 4 e. 4 f. 5

Activité 5 .... p. 5
a. l'anniversaire
b. le Nouvel An
c. la fête nationale
d. les soirées / les fêtes
e. les bougies

Activité 6 .... p. 5
a. t' – nous b. les – l' c. nous – les
d. me – la e. la – l'

Activité 7 .... p. 5
b. fêter c. se marier d. aimer e. conseiller

Activité 8 .... p. 5
Proposition de corrigé :
a. C'est le 4 juillet.
b. Je suis née le 25 avril 2001.
c. Ma fête préférée, c'est le Nouvel An.
d. Oui, j'adore les fleurs.
e. Oui, le samedi soir.

Activité 9 .... p. 5
Proposition de corrigé :
C'était vendredi dernier. C'était une surprise. Nous sommes allés dans un bar avec ma sœur, son mari et la petite amie de mon frère. Il est arrivé. Nous avons chanté « Joyeux anniversaire ». Il a ouvert son cadeau. C'était une montre.

Activité 10 .... p. 5
ⓑ les informations – les enfants
ⓒ a. Je l'appelle demain. b. Je t'appelle demain. c. Je les appelle demain. d. Je vous appelle demain.

Activité 1 .... p. 6
a. la semaine.
b. trois étapes.
c. des ingrédients de la maison.
d. dans le portefeuille.
e. faire les courses.

Activité 2 .... p. 6

Menu chic	Menu rapide entre amis	Menu du marché
du foie gras	pas d'entrée	une assiette de crudités
une dinde aux champignons	une pizza	le poisson du jour
une tarte au citron meringuée	de la glace	un fruit

Activité 3 .... p. 6
betterave à sucre ➜ sucre
tomate ➜ coulis de tomates
olive noire ➜ tapenade
pomme de terre ➜ frites
cacao ➜ chocolat
lait ➜ yaourt
blé ➜ pain

Activité 4 .... p. 7
1. lister 2. planifier 3. calculer 4. faire 5. acheter

Activité 6 .... p. 7
a. Tu as réservé le restaur<u>an</u>t ?
b. Tu as <u>en</u>voyé les <u>in</u>vitati<u>on</u>s ?
c. Tu as acheté les <u>in</u>grédi<u>en</u>ts ?
d. Tu as fait la réservati<u>on</u> ?
e. Tu as c<u>om</u>pté le n<u>om</u>bre d'<u>in</u>vités ?
f. Tu as vérifié les qu<u>an</u>tités ?
Comment ça s'écrit ?
[ɛ̃] : in
[ɑ̃] : an, en
[ɔ̃] : on, om (devant m, p, b)

Activité 7 .... p. 7
a. J'en mange tous les jours au petit déjeuner.
b. Mes parents m'en offrent toujours beaucoup à mon anniversaire.
c. Sa mère en a huit.
d. Il en a acheté pour la Saint-Valentin.

Activité 8 .... p. 7
Proposition de corrigé :
a. Oui, j'en ai un.
b. Non, je n'en bois pas.
c. Oui, j'en apporte souvent un.
d. Non, je n'en mange jamais.

Activité 9 .... p. 7
a. envoie b. essuie – nettoie c. paient / payent d. essayons e. employez

Activité 10 .... p. 7
Proposition de corrigé :
a. Est-ce que tu bois des boissons gazeuses ?
b. Est-ce que tu manges des fruits ?
c. Est-ce que tu connais un bon restaurant ?
d. Est-ce que tu bois du café ?
e. Est-ce que tu fais des desserts ?

Activité 11 .... p. 7
Proposition de corrigé :
Pour planifier mes menus, je commence par ouvrir le réfrigérateur. Je regarde les aliments qui restent. J'ouvre mes placards. Je vais sur Pinterest pour regarder des recettes avec les ingrédients que j'ai. J'enregistre la recette. Je fais ma liste de courses et je vais acheter mes produits au supermarché.

Activité 12 .... p. 7
Proposition de corrigé :
b. Je prends un bol de céréales le matin. Je mange souvent des kiwis.
c. Verbe + quantité précise ou indéfinie = EN + verbe (+ nombre exact)

Activité 1 .... p. 9
ⓐ C'est du fromage.
ⓑ Pour faire une raclette, j'ai besoin de fromage.
ⓒ a. Oui. b. un plat. c. d'un appareil.

Activité 2 .... p. 9
ⓐ 1. d – 2. f – 3. a – 4. e – 5. c – 6. b
ⓑ sera, recevrez

Activité 3 .... p. 9
Ce soir, des amis viendront manger une raclette. Avant leur arrivée, je me préparerai. D'abord, je mettrai la table, je sortirai l'appareil à raclette, je ferai cuire les pommes de terre et je couperai le fromage. Ensuite, je me brosserai les dents, je me doucherai, je m'habillerai, je me coifferai et je me maquillerai. Je serai prête !

Activité 4 .... p. 9
ⓐ Proposition de corrigé :
Nous organiserons une fête de famille pour les 80 ans de ma grand-mère. Nous inviterons tous ses enfants et petits-enfants. Nous serons vingt-quatre, au total. Nous achèterons un cadeau commun et les petits-enfants prépareront un dessin. J'apporterai aussi un bouquet de tulipes : ma grand-mère les adore ! Avec ma sœur, nous ferons un grand plat familial et mon frère s'occupera de commander le dessert.
ⓑ Proposition de corrigé :
Ce sera le 29 juin. Nous serons environ cent personnes. Nous préférons un menu avec un plat unique et un dessert. Il y aura certainement quelques végétariens. Je poserai la question aux invités. Je vous enverrai la liste demain.

Activité 5 .... p. 9
ⓐ Proposition de corrigé :
Je mange des céréales.
Je bois un jus d'orange.
Je prends un ou deux fruits.
Je mange deux tartines.
Je mange un yaourt.
ⓑ Proposition de corrigé :
J'en mange 100 grammes.
J'en bois un.
J'en prends un ou deux.
J'en mange deux.
J'en mange un.

CORRIGÉS

J'agis .... p. 10

c
Merci beaucoup.
Je te remercie.
Je vous remercie.
Merci à vous.
Merci pour…

d Proposition de corrigé :
1. Merci beaucoup maman pour tes conseils !
2. Je te remercie, Nira, de m'avoir invité.
3. Merci pour les fleurs et le soleil.

J'apprends .... p. 11

b Noël, c'est le 25 décembre. En France, on décore le sapin. On s'offre des cadeaux. On passe la journée en famille. On prépare un repas de fête.

c À Noël, on mange traditionnellement du foie gras en entrée, de la dinde aux marrons en plat principal et une bûche comme dessert.

GRAMMAIRE

Activité 1 .... p. 12
a. Charlotte nous invite à son anniversaire.
b. À Noël, nous l'offrons à ma mère.
c. N'oublie pas de les saluer pour moi.
d. Le professeur l'explique aux étudiants.

Activité 2 .... p. 12
a. vous b. t' c. nous d. vous e. les

Activité 3 .... p. 12
Proposition de corrigé :
a. Je n'en ai pas.
b. Oui, j'en ai eu cinq !
c. Non, je n'en veux pas.
d. Nous en faisons aussi.
e. Nous en voulons trois.

Activité 4 .... p. 12
a. il marcha
b. je jouais
c. nous nettoyons
d. vous venez
e. ils s'occupent

LEXIQUE

Activité 1 .... p. 12
a. anniversaire
b. mariage
c. Nouvel An
d. festival
e. soirée

Activité 2 .... p. 13
a. définir
b. fixer / décider d' / planifier
c. réserver / choisir
d. choisir / réserver
e. envoyer

Activité 3 .... p. 13
a. le cirque
b. le théâtre
c. le cinéma
d. le casino
e. la bibliothèque

Activité 4 .... p. 13
Pour faire une raclette, il faut du fromage et des pommes de terre.
Pour faire un moelleux au chocolat, il faut de la farine, du chocolat et du sucre.

PHONÉTIQUE

Activité 1 .... p. 13

	de	de
a. Une trousse **de** toilette		X
b. Un jeu **de** cartes	X	
c. Un livre **de** cuisine		X
d. Tu veux un peu **de** fromage ?	X	
e. Je veux beaucoup **de** pâtes !	X	

Activité 2 .... p. 13
a. un ingrédient b. un restaurant
c. un invité d. une réservation
e. un centilitre

COMPRÉHENSION DE L'ORAL .... p. 14
Exercice 1
Message 1 : Mariage
Message 2 : Nouvel An
Message 3 : Soirée
Message 4 : Anniversaire
Message 5 : Noël

Exercice 2

Crêpes	Raclette
250 grammes de farine 3 œufs ½ sachet de levure 1 pincée de sel 75 cl de lait	800 grammes de fromage 1 kg de pommes de terre De la viande

COMPRÉHENSION DES ÉCRITS .... p. 14
a. Lilou. b. Charlotte. c. Pour la nouvelle année. d. Elle propose d'aller au cinéma ou d'aller dîner. e. Samedi.

PRODUCTION ÉCRITE .... p. 15
Proposition de corrigé :
Date : 29 septembre 2019
Objet : Réponse à l'invitation
Bonjour,
Je vous remercie pour l'invitation à la conférence de Pascal Fioretto. Je serai content de participer à cette conférence et souhaite m'inscrire.
À quelle heure se termine la conférence ?
Je vous remercie de votre réponse.
Cordialement,
Gaël Robin.

PRODUCTION ORALE .... p. 15
Propositions de corrigé :
Partie 1 :
Bonjour, je m'appelle Oran. Je suis anglais. Je parle anglais et français. Je suis étudiant en cuisine et j'adore les chats. Je suis en France pour apprendre le français. Ma meilleure amie s'appelle Ellie.

Partie 2 :
Sujet 1 :
Oui, j'organise souvent des soirées avec mes amis. Le samedi soir, nous sortons en ville. Nous allons au restaurant, danser ou faire un bowling. Pour mon anniversaire, j'invite toujours des amis chez moi et nous faisons la fête.

Sujet 2 :
J'achète toujours du fromage parce que j'adore ça ! J'achète aussi beaucoup de fruits et de légumes. Et bien sûr, des pâtes… J'aimerais vivre en Italie !

Partie 3 :
Sujet 1 :
– Bonjour.
– Bonjour Madame, vous désirez ?
– Je voudrais un gâteau au chocolat pour 8 personnes.
– Vous avez ce gâteau qui s'appelle « La forêt noire » ou bien celui-ci, « Le trois chocolats ». Ou alors, je peux vous mettre 8 éclairs au chocolat.
– Combien coûte « Le trois chocolats » ?
– 15 euros.
– Et La forêt noire ?
– 18 euros.
– Hum… Je ne sais pas. Je vais prendre « Le trois chocolats ».
– Parfait !

Sujet 2 :
– Salut Omar, c'est Adbul.
– Ah, salut !
– Je t'appelle pour l'anniversaire de Maha. Je ne sais pas quoi acheter. J'hésite entre un parfum et un nouveau sac à main. Tu me conseilles quoi ?
– Un sac. Le parfum, c'est vraiment difficile à choisir. C'est très personnel.
– Oui, tu as raison. Alors, quelle couleur ?
– Peut-être bleu clair ou alors, rose, elle adore le rose !
– Oui, c'est une bonne idée. Merci.
– Et sinon, toi, ça va ?

Unité 2

Activité 1 .... p. 16
a. un réseau social.
b. rapprocher les gens.
c. s'inscrire sur le site.
d. Tout le monde se connaît.
e. partager des objets, jardiner ensemble, se dépanner (= s'aider), communiquer.

Activité 2 .... p. 16

a. 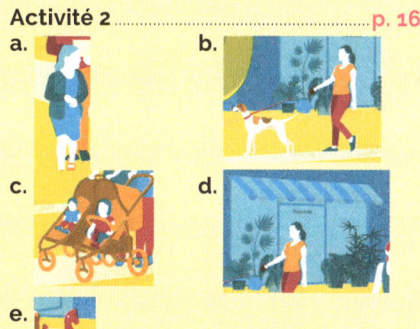 b.

c.  d.

e.

Activité 3 .... p. 16
a. que b. qui c. où d. qui e. que f. qui
g. que

Activité 4 .... p. 17
sommelier, serveuse, infirmière, cuisinier(ère), architecte, docteur, livreur, plombier, chirurgien, chef de chantier, chef(fe), sage-femme, femme d'entretien, réparateur…

Activité 5 .... p. 17
a. 2 – b. 4 – c. 3 – d. 1 – e. 5

Activité 6 .... p. 17
a. -eur ➔ le chant, une chanson
b. -ier ➔ le jardin, une jardinerie
c. -iste ➔ une fleur

cent un **101**

d. -eur ➜ un patin, le patinage
e. -er ➜ une horloge
f. -ien ➜ la chirurgie

Activité 7 .... p. 17

	a.	b.	c.	d.	e.	f.
[y]	1	2	3	3	1	2
[ø]	2	3	1	2	3	3
[œ]	3	1	2	1	2	1

Activité 8 .... p. 17

a

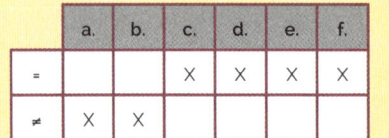

[ø]	[œ]
une coiffeuse	un coiffeur
une chanteuse	un chanteur
Il est généreux.	
Elle est généreuse.	

b
[ø] : « eu » à la fin d'une syllabe (géné*reux*), ou + avec le son [z] dans la même syllabe (coif*feuse*)
[œ] : « eu » + consonne dans la même syllabe (coif*feur*)

Activité 9 .... p. 17
Proposition de corrigé :
Je connais une application qui aide à créer du lien social. C'est une application que tu peux télécharger sur ton Iphone ou sur Android. L'application qui s'appelle *Entourage* s'organise à l'aide d'une carte interactive qui centralise les actions dans les quartiers où il y a des personnes en difficulté.

Activité 10 .... p. 17
Proposition de corrigé :
C'est une personne qui travaille dans un hôpital.
C'est une personne qui travaille dans un restaurant.
C'est une personne qui livre des colis.
C'est une personne qui travaille sur des chantiers de construction.
C'est une personne qui propose des vins dans un restaurant.
C'est une personne qui travaille dans un avion.

Activité 11 .... p. 17
b qui ➜ un sujet
que ➜ un complément
où ➜ un lieu
c Mon/Ma voisin(e), c'est une personne qui vient de Pologne. C'est quelqu'un qui travaille beaucoup. C'est une personne qui est très sympa.

Activité 1 .... p. 18
a C'est à Paris (métro parisien).
b a. Elle vient d'acheter un livre.
b. Elle adore le livre.
c. Il y a 5 anecdotes.
c Date de création : 1900
Nom de l'ingénieur : Bienvenüe
Nombre de stations fantômes : 7

Activité 2 .... p. 18
est tombée – a eu mal – a pris – est montée – n'est jamais descendue – suis allé – avons discuté – avons bien ri – suis parti – a dormi

Activité 3 .... p. 18
a. né b. pu c. dit d. raconté e. descendu

Activité 4 .... p. 18
a. Nous nous sommes promené(e)s pendant une heure.
b. Ma sœur s'est souvent occupée de moi.
c. Elle s'est démaquillée en cinq minutes.
d. Rachelle, pourquoi est-ce que tu t'es mise en colère ?
e. Vous vous êtes endormi(e)(s) à quelle heure ?
Note : Vous vous êtes endormi = on parle à un homme que l'on vouvoie.
Vous vous êtes endormie = on parle à une femme que l'on vouvoie.
Vous vous êtes endormies = on parle à un groupe de filles.
Vous vous êtes endormis = on parle à un groupe de garçons ou de garçons et de filles.

Activité 5 .... p. 18
a. conduit b. traduisent c. cuisons
d. conduis e. Traduisez / Traduis

Activité 6 .... p. 19
un avion – un bateau – une camionnette – une fusée – un hélicoptère – un métro – une péniche – un roller – un scooter – un train – une voiture – un wagon

Activité 7 .... p. 19
a. 2 – b. 4 – c. 3 – d. 1 – e. 5

Activité 8 .... p. 19

	a.	b.	c.	d.	e.	f.
=				X	X	X
≠	X	X				

Activité 9 .... p. 19
a Vous pouvez acheter vos ti**c**kets de métro et votre **c**arte Navi**g**o dans les **g**ares RATP. Rendez-vous dans les **c**omptoirs d'a**cc**ueil et aux **g**uichets : tous nos agents sont à votre disposition !
b [k] : c + a, o, u ; cc ; ck
[g] : g + a, o, u

Activité 10 .... p. 19
Proposition de corrigé :
C'était en hiver, il y a deux ans. Nous allions en Suisse pour voir ma sœur. Nous étions dans l'avion et arrivions vers Genève. L'avion a commencé à atterrir sur la piste et puis, il a redécollé avant la fin. Il n'avait pas assez de place : la piste est très courte à Genève. J'ai eu peur !

Activité 12 .... p. 19
a Je suis sortie(e), parti(e), tombé(e)
Je me suis promené(e), rappelé(e)
b courir

Activité 1 .... p. 20
a a. *Après la pluie, le beau temps.*
b. Laure Mi Hyun Croset.
c. une cafetière.
b a. une cuisine b. du café c. cafetière, des tasses, du sucre, une table
d. un homme et une femme

Activité 2 .... p. 20
a Cheveux : secs et mal coiffés
Bouche : grosse
Yeux : perdus mais intelligents
Vêtements : aux couleurs horribles
Visage : mou et flou

b Guillaume est beau. Il a de grands yeux sombres.

Activité 3 .... p. 20
a rend – partagent – demande – est allée – lève – commence – boit – sortent – est – est – laissent
b rendait – partageaient – demandait – était allée – levait – commençait – buvait – sortaient – était – était – laissaient

Activité 4 .... p. 21
Proposition de corrigé :
Guillaume était un jeune homme aux grands yeux sombres. Il était très beau. Il avait une fine bouche et les cheveux bouclés. Il ne portait pas de lunettes mais il portait souvent un tee-shirt bleu clair.

Activité 5 .... p. 21
a a. 1 – b. 4
b Proposition de corrigé : C'est un homme noir. Il a une moustache et une barbe. Il porte une chemise blanche et un costume.

Activité 6 .... p. 21
c Proposition de corrigé :
couleur : vert – qualité physique : beau/belle – qualité morale : intelligent(e)

J'apprends .... p. 23
a 1. Excusez-moi.
2. Je peux vous demander quelque chose ?
3 Je ne vous dérange pas ?
4. Dites-moi, est-ce que… ?
5. Est-ce que vous savez que… ?
b 1. Il fait beau aujourd'hui !
2. Tu fais quoi ce week-end ?
3. Tu connais la nouvelle ?
c
a. oui b. non c. oui d. oui e. 2019

Je respire .... p. 23
Photo d

GRAMMAIRE

Activité 1 .... p. 24
a. qui b. que c. que d. qui e. qui

Activité 2 .... p. 24
a. que b. où c. que d. où e. où

Activité 3 .... p. 24
a. Ils ne se sont pas réveillés ce matin.
b. Vous ne vous êtes pas perdus ?
c. Finalement, les enfants ne sont pas partis à Bruxelles.
d. Vous avez vu Pierre à l'institut hier ?
e. Olivier a pris le bus pour rentrer chez lui.

Activité 4 .... p. 24
a. Elle est monté**e** dans le train de 7 h 27.
b. Ils se sont rencontré**s** dans un aéroport.
c. Isabelle n'est jamais venu**e** me chercher.
d. Et finalement, j'ai raté**Ø** mon train.
e. Il est tombé**Ø** dans l'escalier mais heureusement, il n'a rien.

Activité 5 .... p. 24
a. avais b. portaient c. étaient – riaient
d. mangions e. buvais

LEXIQUE

Activité 1 .... p. 24
a. un fleuriste b. un agriculteur c. un horloger d. un facteur e. un acteur

CORRIGÉS

Activité 2 .... p. 25
Le métro – le tramway – l'avion – le bus – la voiture – le train – le car – le vélo…

Activité 3 .... p. 25
Proposition de corrigé :
C'est une jeune femme. Elle porte un chapeau noir. Elle a les cheveux longs et blonds. Elle porte un tee-shirt noir et une jupe orange. Elle a des chaussures noires et un sac à dos marron.

Activité 4 .... p. 25

1. SÉDUISANT
2. CALME
3. SÉRIEUX
(4. ORGUEILLEUSE, 5. INTELLIGENT)

Activité 5 .... p. 25
a. 3 – **b.** 1 – **c.** 5 – **d.** 4 – **e.** 2

PHONÉTIQUE

Activité 1 .... p. 25
a. [y] : n°1   [œ] : n°2
b. [y] : n°2   [œ] : n°1
c. [ø] : n°2   [œ] : n°1
d. [ø] : n°2   [œ] : n°1
e. [y] : n°2   [ø] : n°3   [œ] : n°1

Activité 2 .... p. 25
a. [g] **b.** [k] **c.** [g] **d.** [k] **e.** [k]

COMPRÉHENSION DE L'ORAL .... p. 26
Exercice 1
a. 2 **b.** 1. **c.** 4. **d.** 5. **e.** 3
Exercice 2

COMPRÉHENSION DES ÉCRITS .... p. 27
a. Françoise. **b.** Il reste une place.
c. À 20 h. **d.** Une grosse valise par personne. **e.** Une pièce d'identité.

PRODUCTION ÉCRITE .... p. 27
Proposition de corrigé :
Bonjour,
Je vais à Lyon ce week-end. J'ai deux places dans ma voiture et de la place dans le coffre pour des bagages. Rendez-vous à la gare de Nantes (sud), à 18 h. Le trajet coûte 20 euros.
Pierre

PRODUCTION ORALE .... p. 27
Propositions de corrigé :
Partie 1 :
Bonjour, je m'appelle Thierry. J'habite dans un village à 20 km de mon entreprise. Je fais du covoiturage pour aller au travail. J'emmène des gens deux fois par semaine.
Partie 2 :
Sujet 1 : Je ne fais pas souvent de covoiturage parce que je me déplace en train ou à vélo.
Sujet 2 : Mon moyen de transport préféré est l'avion. J'aime le décollage ! C'est pratique, facile et on peut aller dans beaucoup de pays. J'adore voyager.
Partie 3 :
Sujet 1 :
– Il fait beau en ce moment. Il fait froid mais avec le soleil…
– C'est agréable.
– Oui, c'est vrai. Vous faites souvent du covoiturage ?
– Tous les week-ends, pour aller voir ma famille.
– Et vous trouvez facilement ?
– Oui. Il y a beaucoup de gens qui utilisent Blablacar.
– C'est vrai !
Sujet 2 :
– Excusez-moi, je voudrais acheter des billets de métro.
– C'est où ?
– Vous pouvez aller au guichet, en face de vous ou bien au distributeur automatique qui est sur votre droite.
– Ah, merci beaucoup. Et ça coûte combien ?
– 1,90 euros le ticket à l'unité mais vous pouvez acheter un carnet de dix. C'est plus intéressant.
– Merci. Bonne journée.

Unité 3

Activité 1 .... p. 28
a. *Télérama*.
b. Un journal ou magazine d'actualité culturelle
c. 8,25 € par mois
d. aucun
e. Le magazine papier + numérique sur tous supports
f. le mercredi
g. un hors-série sur Joan Miró

Activité 2 .... p. 28
a. (+) À la télévision, il y a plus d'images qu'à la radio.
b. (–) Dans la presse écrite, on trouve moins de fausses informations que sur les réseaux sociaux.
c. (=) Lire un magazine prend autant de temps que lire un journal.
d. (+) Certaines stations de radio sont plus intéressantes que d'autres.
e. (=) Ce magazine coûte aussi cher que celui-ci.

Activité 3 .... p. 28
Proposition de corrigé :
1. L'abonnement à *Télérama* coûte moins cher que l'abonnement à *Le Mag*.
2. L'abonnement à *Télérama* coûte plus cher que l'abonnement au magazine *Les Inrockigibles*.
3. *Télérama* a plus de numéros que les deux autres magazines.
4. *Télérama* offre plus d'accès aux supports numériques que *Le Mag*.
5. *Télérama* est aussi culturel que *Les Inrockigibles*.

Activité 4 .... p. 29
a
a. télécharger **b.** rechercher **c.** écouter
d. s'inscrire **e.** se connecter
b Proposition de corrigé :
Sur mon téléphone, je télécharge de la musique.
Sur Deezer, je recherche de la musique pour courir.
Mon frère écoute toujours de la musique rap.
Je me suis inscrit à l'application Runtastic.
Je me connecte tous les jours à France Info.

Activité 5 .... p. 29
a. 3 – **b.** 4 – **c.** 1. – **d.** 2

Activité 6 .... p. 29

Personne	1	2	3
Nom de la radio	RTL	France Inter	NRJ
Nom de l'émission	*RTL Petit Matin*	*Le téléphone sonne*	X
Thème	Les informations	Sujet d'actualité	La musique
Durée	Environ 45 minutes	40 minutes	Plusieurs heures

Activité 7 .... p. 29

	a.	b.	c.	d.	e.	f.
[u]	1	3	2	1	2	1
[o]	2	2	1	3	3	3
[ɔ]	3	1	3	2	1	2

Activité 8 .... p. 29
a

[o]	[ɔ]
une info	une information
s'abonner	un abonnement
Il est drôle.	
un internaute	

b
[o] : « ô », « au », « o » à la fin d'une syllabe
[ɔ] : « o » + consonne dans la même syllabe

Activité 9 .... p. 29
Proposition de corrigé :
1. Oui, de temps en temps.
2. RFI.
3. J'aime le journal en français facile.
4. Le soir, entre 18 h et 19 h.
5. Dans ma voiture, quand je rentre chez moi.

Activité 10 .... p. 29
Proposition de corrigé
J'aime bien lire *l'Éléphant*, pendant les vacances d'été. C'est un magazine culturel. Mais le week-end, je préfère lire un magazine people, comme *Gala* ou *Point de vue*. C'est moins intellectuel mais plus divertissant. J'aime bien suivre la vie des princesses ou familles royales. De temps

cent-trois **103**

en temps, j'achète aussi le magazine *Kaizen*. C'est un magazine plus environnemental que les autres. Il coûte un peu plus cher que les autres mais il y a toujours de bonnes idées à prendre !

Activité 11 .... p. 29
a J'ai moins de likes que toi.
Je suis moins populaire.
Tu communiques moins bien que moi !
b
J'ai plus de likes que toi. ➜ J'ai autant de likes que toi.
Je suis plus populaire. ➜ Je suis aussi populaire.
Tu communiques plus que moi ! ➜ Tu communiques autant.

Activité 1 .... p. 30
a Je suis accro à mon téléphone.
b a. Ils consultent leur téléphone.
b. 48 %.
c. Trois.
d. Minimum deux heures.
e. Pas de téléphone à table / pas de téléphone après 21 h / Pas de téléphone quand on parle avec ses amis

Activité 2 .... p. 30
a. Il a quitté le réseau Facebook.
b. Il passait ses journées dessus.
c. Il est abonné à LinkedIn et à Twitter.
d. Il est abonné à des listes pour suivre les actualités des autres bibliothèques.
e. Il est bibliothécaire.

Activité 3 .... p. 30
a. Suivez-la tous les jours !
b. Déconnecte-le la nuit !
c. Abonnons-nous à ce réseau !
d. Éteignez-la après 22 h !
e. Recharge-la !

Activité 4 .... p. 30
a
a. Ne le connectez pas la nuit !
b. Ne t'inscris pas sur ce réseau !
c. Ne les regardez pas avant de dormir !
d. Ne l'écoute pas aussi fort !
e. Ne les télécharge pas sur ton ordinateur !
b
a. le téléphone b. toi c. les écrans d. la musique e. les films

Activité 5 .... p. 31
Propositions de corrigé :
a. Envoie des messages avec l'icône « avion ».
b. Suis l'activité de ton compte avec le « cœur ».
c. Prends des photos avec l'icône « appareil photo ».
d. Partage tes photos avec le « + ».
e. Clique sur la « loupe » pour faire une recherche.
f. Consulte la page d'accueil avec « la maison ».

Activité 6 .... p. 31
a. Vois b. reçois c. déçoit
d. aperçoit e. Recevez

Activité 7 .... p. 31
a. liker
b. stop !
c. une newsletter
d. le week-end
e. un smartphone

Activité 8 .... p. 31

	a.	b.	c.	d.	e.	f.
=						x
≠	x	x	x	x	x	

Activité 9 .... p. 31
a Quel réseau social choisir ?
Twitter permet de suivre tous les utilisateurs. C'est un outil de promotion efficace pour les médias.
Viadeo est un réseau social professionnel. Il permet de réseauter ou de chercher un emploi.
Instagram est une application mobile de photo.
Medium est un réseau social pour les écrivains, pour la publication d'articles ou d'histoires.
Airbnb permet de louer un appartement ou une maison dans le monde entier.
b [ɥ] : « u » + voyelle dans la même syllabe
[w] : « w » ; « oi » ; « ou » + voyelle dans la même syllabe
[j] : « i » + voyelle dans la même syllabe

Activité 10 .... p. 31
Proposition de corrigé :
Quand je me réveille, je commence par regarder mes nouveaux messages sur les différents réseaux : Snapchat, Facebook, Instagram et Whatsapp. Dans la journée, je publie quelques commentaires sur mes réseaux et j'essaie d'avoir des flammes sur Insta. Le soir, je regarde beaucoup les publications automatiques.

Activité 11 .... p. 31
Proposition de corrigé :
Il y a 4 ans, je me suis abonné à un Youtuber qui s'appelle Norman. Ensuite, je me suis abonné à Cyprien, puis à Tibo Inshape et Squeezie. Au début, je regardais une ou deux vidéos par jour. Ensuite, j'ai commencé à passer une à deux heures. Et l'année dernière, je regardais Youtube pendant 3 à 4 heures par jour. Je ne voyais plus mes amis. J'ai finalement arrêté et je me sens beaucoup mieux !

Activité 12 .... p. 31
b le : le compte (= chose) ; le Youtuber (= personne)
c Le pronom se place après le verbe à l'impératif positif et avant le verbe à l'impératif négatif.

Activité 1 .... p. 32
a Nom de la série : *Philarmonia*
Jour de diffusion : mercredi
Horaires de diffusion : 21 h
Chaîne de diffusion : France 2
b interview.
c La série parle de musique.

Activité 2 .... p. 32
a
Oui, je la connais. / Non, je ne la connais pas.
b
a. Lina El Arabi.
b. 23 ans.
c. au conservatoire.
d. À l'âge de 6 ans.
e. Quand elle ne va pas bien.
f. premier violon
g. Hélène Barizet

Activité 3 .... p. 33
a
a. Comment êtes-vous devenue violoniste ?
b. En quoi le violon demeure-t-il un partenaire dans votre vie ?
c. Et cette série, de quoi parle-t-elle ?
b
-t- : parce que le verbe se termine par une voyelle et le pronom sujet commence par une voyelle.
c
b. Quel âge a-t-elle ?
c. Dans quel lieu a-t-elle appris le violon ?
d. À quel âge a-t-elle commencé à jouer du violon ?
e. Quand joue-t-elle du violon ?
f. Dans la série, quel rôle joue-t-elle ?
g. Dans la série, comment s'appelle-t-il ?

Activité 4 .... p. 33
Retrouvez-la mercredi 6 février 2019.
« la » remplace Lina El Arabi.

Activité 5 .... p. 33
Proposition de corrigé :
a
a. Oui, je suis abonné à Netflix.
b. Mon abonnement coûte 13,99 euros par mois.
c. Je regarde des séries anglaises.
d. Je regarde ma série le soir, avant de dormir.
e. Ma série préférée s'appelle *Downton Abbey*.
b
Proposition de corrigé :
C'est la star de la série *Games of Thrones*, Emilia Clark, qui a fini de tourner la huitième et dernière saison de la série, diffusée sur Orange Cinéma Séries, depuis le 15 avril.
Elle répond à nos questions dans une interview exclusive.
– Comment vous sentez-vous depuis la fin du tournage ?
– Nous étions tous vraiment tristes de quitter le tournage. Nous avons créé un groupe Whatsapp et nous gardons tous le contact.
– Comment décrivez-vous ces années avec la série ?
– Incroyables ! Quand j'étais petite, j'étais très timide mais je voulais être comédienne. Aujourd'hui, je le suis. C'est incroyable !
– Quels sont vos projets ?
– Me reposer ! J'adore aller au théâtre, au cinéma et lire des livres. Et surtout, danser. Alors, je vais suivre les DJs dans le monde entier !

Activité 6 .... p. 33
b Une question inversée : verbe + sujet
c 1 verbe : adoucir – 1 adjectif : premier – 1 adverbe : bien

J'apprends .... p. 35
a. La date : 10 juin 2019
b. La source : gg66
c. Non, je ne la connais pas.
d. Cette information est fausse. L'incendie de la cathédrale Notre Dame a eu lieu dans la nuit du 15 avril 2019. Il faut des dizaines d'années pour la reconstruire.

CORRIGÉS

GRAMMAIRE

Activité 1 .... p. 36
a. Facebook est plus ancien que Snapchat.
b. Facebook a plus d'abonnés que Snapchat.
c. Il y a autant d'utilisateurs sur Snapchat que sur Instagram.
d. L'application Whatsapp est moins jolie qu'Instagram.
e. L'application Pinterest est aussi esthétique qu'Instagram.

Activité 2 .... p. 36
a. Suivez-nous sur Whatsapp !
b. Abonnez-vous à notre newsletter !
c. Ne téléchargez pas de contenu illégal !
d. Commentez nos vidéos en direct !
e. N'éteignez pas votre écran !

Activité 3 .... p. 36
a. Lis-le tous les jours !
b. Ne les publiez pas !
c. Regardons-la !
d. Ne le suis pas !
e. Ne la télécharge pas !

Activité 4 .... p. 36
a. Combien de nouvelles applications télécharges-tu ?
b. Combien de langues parle-t-elle ?
c. Que regarde-t-il ?
d. Quand écoutez-vous les infos ?
e. Que lit-elle ?

Activité 5 .... p. 36
a. reçoit b. apercevons c. déçoit d. reçoivent e. reçois

LEXIQUE

Activité 1 .... p. 36
la presse écrite ➜ un lecteur
Internet ➜ un internaute
la radio ➜ un auditeur
la télévision ➜ un spectateur

Activité 2 .... p. 37
a. informer
b. discuter
c. communiquer
d. s'abonner ≠ se désabonner
e. se connecter ≠ se déconnecter

Activité 3 .... p. 37
a. télécharger b. liker c. envoyer
d. discuter, partager e. ajouter

Activité 4 .... p. 37
a. des articles b. l'actualité c. reportages
d. tweet e. newsletter

PHONÉTIQUE

Activité 1 .... p. 37
a. [ɔ] b. [o] c. [o] d. [o], [u] e. [o]

Activité 2 .... p. 37
a. [j] b. [j] c. [w] d. [ɥ] e. [w]

Activité 3 .... p. 37
a. [o] b. [j] c. [w] d. [ɔ] e. [w]

COMPRÉHENSION DE L'ORAL .... p. 38
Exercice 1
1. d – 2. e – 3. b – 4. a – 5. c
Exercice 2
a. *Au bout du fil*
b. L'utilisation du téléphone
c. Cinq
d. Entre 13 et 19 ans
e. Ils passent plus de trois heures par jour sur les écrans. Ils sont « accros » au téléphone.

COMPRÉHENSION DES ÉCRITS .... p. 38
1. *Le clan des Siciliens* 2. À 22 h 55
3. 55 minutes 4. TF1 5. Oui.

PRODUCTION ÉCRITE .... p. 39
Proposition de corrigé :
J'ai participé à une nouvelle expérience : Vivre sans téléphone pendant 8 jours. J'ai choisi cette expérience parce que je suis très (même trop) accroché(e) à mon téléphone. Je regarde mes messages au réveil, quand je travaille, pendant les repas et jusque tard le soir. Cette semaine, j'ai déconnecté ! C'était un peu difficile parfois. Mais j'ai fait beaucoup de choses : j'ai fait du sport, je suis allé(e) prendre un café avec une amie, j'ai lu un livre… Cela m'a fait du bien !

PRODUCTION ORALE .... p. 39
Propositions de corrigé :
Partie 1 :
Bonjour, je m'appelle Jealin. Je suis coréenne. J'ai 21 ans. Sur mon smartphone, j'ai beaucoup d'applications. Mon application préférée pour parler avec mes amis, c'est Snapchat. Mon application de loisirs préférée, c'est Netflix et pour la mode, c'est Vinted.

Partie 2 :
Sujet 1 :
Je suis très connecté(e) aux réseaux. Je passe environ cinq à six heures par jour à regarder mes messages et à commenter les publications de mes amis. Je sais que je perds du temps mais c'est plus fort que moi. J'aime publier des photos sur Instagram. Un jour sans téléphone, pour moi, c'est vraiment difficile.

Sujet 2 : Je n'écoute jamais la radio pour m'informer. J'écoute la radio pour la musique. Je lis des magazines qui parlent de voyages et de sport. Je suis abonné(e) à la newsletter du journal *Le Monde* pour recevoir les informations principales. Je n'aime pas regarder la télévision mais je suis abonné(e) à Netflix et j'aime bien regarder des séries quand j'ai le temps !

Partie 3 :
Sujet 1 :
– Bonjour, je suis très heureux de vous rencontrer, Guillaume !
– Comment s'est passé le tournage de *Nous finirons ensemble* ?
– Très bien, merci.
– Vous êtes proche de Gilles Lelouche. Êtes-vous aussi amis avec les autres acteurs ?
– Oui, je suis très proche des autres aussi mais Gilles est vraiment mon meilleur ami.
– Avez-vous d'autres projets ensemble ?
– Oui, nous allons tourner un film dans quelques années…
– Il parlera de quoi ?
– Je ne peux pas vous dire, désolé !

Sujet 2 :
– Bonjour ! Je voudrais acheter un magazine mais je ne sais pas quoi choisir.
– Vous aimez quoi ? Le sport ? Le luxe ? L'environnement ? Le bien-être ?
– Le luxe !
– Nous avons trois magazines différents. Le plus cher, c'est celui-ci. Il est très complet. Il parle de la mode, de voitures, de sport. Le moins cher, c'est celui-ci mais je ne vous le conseille pas. Les articles sont vraiment petits et ne sont pas très intéressants. Le dernier magazine, c'est celui-là : il y a moins de couleurs que les autres et plus de publicités mais les articles sont vraiment mieux.

Unité 4

Activité 1 .... p. 40
a
a. Leila est cheffe de son restaurant.
b. Elle a commencé quand elle était petite.
c. Elle a obtenu un baccalauréat professionnel.
d. Elle est allée dans une grande école de cuisine.
e. Elle a appris à faire des recettes gastronomiques.
b

1	2.	3	4	5
e	d	a	c	b

Activité 2 .... p. 40
a. 2 – b. 3 – c. 4 – d. 1

Activité 3 .... p. 40
a. ENSEIGNANT
b. COMMERCIAL
c. CONSEILLER
d. ENTREPRENEUR

Activité 4 .... p. 40
a. 2 – b. 1 – c. 4 – d. 3

Activité 5 .... p. 41
a. Il est organisé.
b. Elle est efficace.
c. Un métier incroyable.
d. Un examen ennuyeux.
e. Un boulot intéressant.
f. Une université internationale.

Activité 6 .... p. 41
a. J'ai passé un examen.
b. J'ai démissionné en 2019.
c. J'ai créé une compagnie.
d. Tu as eu un diplôme ?
e. Tu as étudié à l'université ?
f. Tu as passé un entretien ?

Activité 7 .... p. 41
a. j'étais – je préférais
b. elle a rencontré – qui ont marqué
c. il a décidé – il est parti
d. a étudié – elle a arrêté
e. j'ai trouvé – j'ai quitté

Activité 8 .... p. 41
a Il y a cinq mois, j'ai décidé de réaliser mon rêve et de créer ma boutique de chaussures. C'est un rêve que j'ai depuis mon enfance. J'ai travaillé dans une boutique pendant 5 ans et j'ai adoré cette expérience. Alors maintenant je suis fière d'être propriétaire de mon magasin !
b **Proposition de corrigé :**
a. Elle apprend le piano depuis trois mois.
b. Il a terminé ses études il y a deux mois.
c. Vous avez travaillé dans cette entreprise pendant quinze ans.
d. J'ai été footballeur professionnel pendant cinq ans.

cent-cinq **105**

Activité 9 .... p. 41
obtenu – dû – appris

Activité 10 .... p. 41
Proposition de corrigé :
Le métier de mes rêves, c'est vétérinaire. Son rôle, c'est de s'occuper des animaux et de les soigner. On travaille avec les animaux tous les jours, c'est super. Pour devenir vétérinaire, on étudie dans une école nationale vétérinaire pendant quatre ou cinq ans. Après les études, on peut être salarié ou créer son cabinet ou sa clinique vétérinaire.

Activité 11 .... p. 41
Proposition de corrigé :
Ma sœur est photographe. Elle a commencé la photographie quand elle était petite, avec l'appareil photo de nos parents. Après son baccalauréat, elle a fait une formation en photo avec des professionnels, puis elle est partie au Québec. Elle a commencé à faire des photographies de paysages pour un site de voyage. Elle est rentrée en France il y a trois ans, et aujourd'hui elle travaille pour un magazine à Paris.

Activité 12 .... p. 41
a. 2 – b. 1 – c. 3 – d. 3

Activité 1 .... p. 42
a. des compétences du futur.
b. aiment connaître de nouvelles choses.
c. Savoir travailler en équipe.

Activité 2 .... p. 42
a. 4 – b. 3 – c. 5 – d. 1 – e. 2

Activité 3 .... p. 42
a. avoir l'esprit de collaboration ; avoir le sens de l'écoute.
b. être spontané(e) ; savoir convaincre.
c. être organisé(e) ; être réfléchi(e).
d. être créatif(ive) ; être spontané(e).

Activité 4 .... p. 43
a. recruter b. travailler c. passe
d. atteindre

Activité 5 .... p. 43

	a.	b.	c.	d.	e.	f.
[ʀ]	2	2	2	1	2	2
[l]	1	1	1	2	1	1

Activité 6 .... p. 43
a. un professeur b. un recrutement
c. une fondatrice d. un entretien
e. Il est réfléchi. f. Elle est en retrait.

Activité 7 .... p. 43
leur – nous – nous – lui

Activité 8 .... p. 43
a
a. Je lui ai téléphoné hier soir.
b. Elle leur a demandé de l'aide.
c. Il lui a envoyé un mail.
b te – lui – me – me

Activité 9 .... p. 43
Proposition de corrigé :
a. Je suis doué(e) en dessin.
b. Je ne sais pas faire la cuisine.
c. Je prends du temps à mémoriser le vocabulaire en français.

d. J'aimerais savoir mieux m'organiser pour être plus efficace.

Activité 10 .... p. 43
Moi, je rêve d'être chef d'entreprise. Pour faire ce métier, il faut être un leader. Un ou une chef d'entreprise dirige une équipe alors le sens de l'écoute est très important. Il faut écouter ses employés et les motiver. Il faut aussi être bien organisé et prendre les bonnes décisions.

Activité 11 .... p. 43
a coopératif / spontané ; sérieux / efficace
b Je voulais parler à ma sœur hier soir alors je lui ai téléphoné.
c moi ➜ me – vous ➜ vous
ils/elles ➜ leur

Activité 1 .... p. 45
a Ils sont dans un bureau, dans une entreprise.
b Le lien est le travail.
c a. cocher les actions réalisées.
b. d'actions essentielles.

Activité 2 .... p. 45
a. Vrai – Justification : « Je planifie »
b. Faux – Justification : « Il est indispensable d'avoir du temps en dehors du travail. »
c. Vrai – Justification : « Il est indispensable de passer de bons moments avec ses collègues. »
d. Vrai – Justification : « Je dois positiver » ; « un regard positif ».

Activité 4 .... p. 45
a Je dois positiver ; Il faut prendre du temps pour moi ; Il est indispensable d'avoir du temps ; Il est important de se détendre ; il est indispensable de passer de bons moments ; il faut écrire.
b
a. Vous devez penser à prendre vos congés. / Il faut penser à prendre vos congés. / Il est indispensable de penser à prendre vos congés. / Il est essentiel de penser à prendre vos congés.
b. Vous devez personnaliser votre espace de travail. / Il faut personnaliser votre espace de travail. / Il est indispensable de personnaliser votre espace de travail. / Il est essentiel de personnaliser votre espace de travail.
c. Vous devez mettre des plantes dans votre bureau. / Il faut mettre des plantes dans votre bureau. / Il est indispensable de mettre des plantes dans votre bureau. / Il est essentiel de mettre des plantes dans votre bureau.
d. Vous devez aller prendre l'air deux fois dans la journée. / Il faut aller prendre l'air deux fois dans la journée. / Il est indispensable d'aller prendre l'air deux fois dans la journée. / Il est essentiel d'aller prendre l'air deux fois dans la journée.
e. Vous devez manger des aliments sains. / Il faut manger des aliments sains. / Il est indispensable de manger des aliments sains. / Il est essentiel de manger des aliments sains.

Activité 5 .... p. 45
a. familier b. courant c. familier
d. familier

Activité 6 .... p. 45
Proposition de corrigé :
Pour te sentir bien au travail, tu dois te dire que tu vas travailler dans un endroit agréable. Il est indispensable de se sentir bien dans son bureau. Tu dois le personnaliser avec des plantes et des photos ou de la décoration. Il faut aussi bien organiser sa journée. Je planifie ce que je dois faire pour pouvoir faire des pauses. Elles sont essentielles pour se reposer un peu et être plus efficace. Quand je commence ma journée de travail, je vais toujours dire bonjour à mes collègues et on discute pendant quelques minutes. C'est essentiel d'avoir une bonne relation avec ses collègues !

Activité 7 .... p. 48
Proposition de corrigé :
– Il est indispensable de faire les choses qu'on aime.
– Il est essentiel de passer du temps avec sa famille.
– Il faut apprendre de nouvelles choses.
– On doit se concentrer sur les choses positives.
– Il est essentiel de faire attention à notre corps et notre santé.

Activité 8 .... p. 44
a Sourire. – Passer de bons moments avec ses collègues. – Personnaliser son espace de travail.
b devez – indispensable – faut

J'apprends .... p. 47
b En 2006 – pendant dix ans – il y a trois ans – maintenant – depuis trois mois.
c a. 3 – b. 1 – c. 2

Grammaire

Activité 1 .... p. 48
a. 2 – b. 4 – c. 3 – d. 1 – e. 5

Activité 2 .... p. 48
a. il y a b. depuis c. Quand d. pendant
e. Il y a

Activité 3 .... p. 48
a. commencé b. obtenu c. réussi
d. appris e. dû

Activité 4 .... p. 48
a. lui b. m' c. nous d. leur e. vous

Activité 5 .... p. 48
Proposition de corrigé :
a. Il indispensable de porter un casque.
b. Il est essentiel de se laver les mains.
c. Vous devez céder le passage.
d. Vous devez mettre votre téléphone en mode avion.
e. Il faut rester silencieux.

Lexique

Activité 1 .... p. 49
a. instituteur
b. entrepreneuse
c. employé
d. conseillère
e. commercial

Activité 2 .... p. 49
a. 4 b. 5 c. 1 d. 2 e. 3

Activité 3 .... p. 49
a. 5 b. 1 c. 2 d. 3 e. 4

CORRIGÉS

Activité 4 .... p. 49
collègues – travail bien payé – travail fatigant – horaires – poste

Activité 5 .... p. 49
1. d **2.** b **3.** c **4.** a **5.** e

PHONÉTIQUE

Activité 1 .... p. 49
a. Elle est coopérative.
b. Il travaille dans un théâtre.
c. Elle est créative.
d. J'ai eu mon examen !
e. C'est un projet intéressant !

Activité 2 .... p. 49
a. un/di/plôme : 3
b. un/tra/vail : 3
c. un/en/tre/tien : 4
d. un/em/plo/yé : 4
e. un/en/tre/pre/neur : 5

COMPRÉHENSION DE L'ORAL .... p. 50

Exercice 1
Message 1 : a. obtenu son diplôme. **b.** cinq ans.
Message 2 : a. trouvé du travail. **b.** à Toulouse.
Message 3 : a. de la même famille. **b.** présente ses félicitations.

Exercice 2
a. une entreprise.
b. parce qu'ils veulent recruter un(e) employé(e).
c. avec une équipe.
d. être productif

COMPRÉHENSION DES ÉCRITS .... p. 50
1. Expérience : Annonce 1 – Annonce 2
2. Moyen de transport : Annonce 2
3. Disponibilité : Annonce 2
4. Aide aux devoirs : Annonce 1 – Annonce 3

PRODUCTION ÉCRITE .... p. 51
Proposition de corrigé :
Salut Julie !
Comment tu vas ? Ici, tout va bien. Il va y avoir beaucoup de changements dans les prochaines semaines : j'ai décidé de quitter mon poste de commerciale pour faire une formation et devenir prof de yoga. J'ai démissionné la semaine dernière et je vais commencer ma formation le mois prochain. J'avais envie de changer parce que mon travail était trop fatigant et je n'aimais pas les horaires.
Quand est-ce qu'on peut se voir pour boire un café ?
Bises,
Élise

PRODUCTION ORALE .... p. 51
Propositions de corrigé :
Partie 1 :
Je m'appelle Paul, j'ai 23 ans et j'habite à Nantes. J'ai 2 sœurs, et toute ma famille habite dans le sud de la France. J'aime beaucoup les animaux. Quand j'étais petit, on avait un chien et deux chats. J'aime aller au cinéma et sortir avec mes amis. On va souvent au karaoké. Je fais de la natation depuis que j'ai 8 ans. Je joue aussi du piano et j'adore chanter !

Partie 2 :
Sujet 1 :
Je fais du sport depuis que je suis petit. J'ai fait de la natation pendant cinq ans et puis après j'ai commencé à faire du basket. Je fais partie de mon équipe depuis trois ans. Je fais des études pour devenir prof de sport. J'ai aussi une expérience professionnelle : j'ai travaillé tous les samedis et pendant les vacances scolaires dans un magasin de sport pendant deux ans. Mon rôle était de conseiller les clients et de vendre des produits.

Sujet 2 :
Je pense qu'il est essentiel d'être coopératif, d'avoir le sens de l'écoute et d'être bien organisé. Je suis coopératif, j'aime beaucoup travailler avec d'autres personnes et discuter pour trouver des idées ou des solutions. Ma mère a le sens de l'écoute : elle sait faire attention aux autres et à ce qu'ils disent. Elle est aussi très organisée. Elle réussit toujours à faire beaucoup de choses dans la journée et elle n'est jamais en retard.

Partie 3 :
Sujet 1 :
– J'ai envie d'organiser une journée zen dans l'entreprise. J'ai ce projet parce que je pense que ça permettra aux employés d'être plus efficaces et productifs. Je souhaite organiser cette journée cette année pour tester l'efficacité des activités. On pourra peut-être organiser une journée par an si les employés sont contents.
– D'accord, est-ce que vous pouvez me donner des exemples d'activités ?
– Oui, je souhaite commencer la journée avec une séance de méditation. Je voudrais inviter un spécialiste pour nous aider et nous donner des astuces pour méditer. Ensuite, après la matinée de travail, on va déjeuner tous ensemble à l'extérieur, pour déconnecter. On peut organiser un pique-nique ou aller au restaurant. Dans l'après-midi, il y aura aussi une pause pour apprendre à détendre son corps et à s'étirer.
– Est-ce que vous avez des idées de dates pour organiser votre journée zen ?
– On peut demander aux employés de choisir la date. Je vais envoyer un mail pour informer tout le monde.

Sujet 2 :
– Je commence toujours ma journée par un moment agréable à la maison, avant de partir travailler. Je prends le temps de prendre mon petit déjeuner et de choisir mes vêtements pour la journée. Donc ça veut dire que je me réveille plus tôt, pour éviter d'être pressé(e) et stressé(e).
– Est-ce que tu lis le journal pendant que tu prends ton petit déjeuner ?
– Pas toujours, j'aime beaucoup écouter de la musique, ça me détend.
– Comment tu vas au travail ?
– Je vais au travail en bus, comme ça je ne suis pas stressé(e) par les embouteillages. Quand j'arrive au travail je suis détendue(e). Je vais dire bonjour à mes collègues, puis je m'installe à mon bureau. Je commence toujours par regarder mes mails, et puis je planifie mes activités : je regarde s'il y a des choses urgentes à faire et je commence par ça.
– Tu fais combien de pauses dans la journée ?
– Je fais une petite pause le matin, une pause le midi pour le déjeuner. Je ne reste pas devant mon ordinateur, je vais manger avec mes collègues. On passe des moments agréables et ça permet de se détendre et d'être bien reposés pour l'après-midi. Parfois je fais une petite pause l'après-midi, si je dois finir tard.

Unité 5

Activité 1 .... p. 52
a **a.** un test **b.** les voyages

Activité 2 .... p. 52
1. curieux **2.** impatient **3.** organisé
4. spontané **5.** têtu **6.** motivé

Activité 3 .... p. 53
je me suis retrouvée / J'étais plongée / J'avais l'impression / je me suis déplacée / j'ai redécouvert

Activité 4 .... p. 53
b. un/fil/m au/to/bio/gra/phique
c. un/ré/a/li/sa/teu/r all/emand
d. un/ pa/y/sa/ge in/cro/yable
e. u/ne ex/pé/rien/ce ex/cep/tio/nnelle
f. un/dé/co/r im/pre/ssio/nnant

Activité 5 .... p. 53
a. Je suis un voyageur organisé.
b. Je suis un réalisateur inventif.
c. Je suis patiente et curieuse.
d. Je suis maniaque et têtu.
e. Elle est curieuse et impatiente.
f. Il est sociable et souriant.

Activité 6 .... p. 53
des expériences magiques – des endroits magnifiques – La réalité virtuelle – méthode classique – sa prochaine destination. Un beau voyage – les grands enfants.

Activité 7 .... p. 53
a. indépendant **b.** insensible **c.** irréaliste
d. imprudent **e.** irresponsable **f.** désorganisé

Activité 8 .... p. 53
Proposition de corrigé :
a. Je suis très organisé(e) : c'est ma principale qualité.
b. Je suis vraiment imprudent(e) : c'est mon pire défaut quand je voyage.
c. Mes voyages préférés sont les voyages où je me repose. J'adore le farniente !
d. Je suis un(e) voyageur(se) solitaire et curieux(se). J'aime me promener seul(e) dans les endroits que je ne connais pas.

Activité 9 .... p. 53
Proposition de corrigé :
Je suis parti(e) dans l'espace avec la réalité virtuelle. C'était formidable ! Je me suis retrouvé(e) face à la Terre et j'ai découvert les couleurs des océans, des forêts. J'étais plongé(e) dans l'univers, avec les étoiles.

Activité 10 .... p. 53
c Quand un adjectif change de place, il peut changer de sens.

Activité 1 .... p. 54
a. avec des inconnues
b. rencontrer de nouvelles amies et découvrir des voyages uniques

cent-sept **107**

Activité 2 .... p. 54
a. se reposer b. détente c. tourisme
d. vacances e. visite f. hôtel g. bronzer

Activité 3 .... p. 54
a. équipe b. a gagné c. classement
d. défi e. se sont battus

Activité 4 .... p. 54
b. (-) La vie est de plus en plus chère à cause des touristes.
c. (-) Le paysage est dénaturé à cause des hôtels.
d. (+) Il y a plus de travail grâce au tourisme.
e. (+) Je suis reposée et détendue grâce aux vacances.

Activité 5 .... p. 55
Je travaille parce qu'il le faut.
Je voyage parce que j'aime ça.

Activité 6 .... p. 55
a. Je me bats b. Tu te bats c. Elle se bat
d. Nous nous battons e. Vous vous battez
f. Ils se battent

Activité 7 .... p. 55
a. Oui, je m'en souviens.
b. Oui, j'en parle souvent.
c. Oui, j'y pense souvent.
d. Oui, je voudrais y participer.
e. Oui, j'en rêve.

Activité 8 .... p. 55
a
a. Tu as envie d'aller en Italie ?
b. Tu as besoin d'un vaccin ?
c. Tu fais souvent de l'escalade ?
d. Tu réfléchis souvent à partir ?
e. Tu penses souvent à quitter la France ?
b avec à : réfléchir, penser
avec de : avoir envie, avoir besoin, faire

Activité 9 .... p. 55

a.	b.	c.	d.	e.	f.
≠	=	≠	=	≠	=

Activité 10 .... p. 55
a
a. un globe-trotter b. un guide touristique
c. un bungalow d. séjourner e. chronométrer
b Le son [ʃ] s'écrit : ch devant une voyelle.
Le son [ʒ] s'écrit : j ; g devant « e » et « i ».

Activité 11 .... p. 55
Proposition de corrigé :
a. Je fais de l'escrime.
b. Je joue dans l'équipe de France.
c. J'ai terminé 2e !
d. Oui, j'ai gagné une médaille d'argent à la Coupe de France et une médaille de bronze à la Coupe du Monde.

Activité 12 .... p. 55
Proposition de corrigé :
J'ai décidé de faire un tour du monde en solitaire parce que j'ai envie de rencontrer de nouvelles personnes. Et les rencontres sont plus faciles quand on est seul. J'ai aussi envie de me retrouver seul à cause de mon travail : je vois des gens tous les jours et j'ai besoin d'une pause, d'un temps avec moi-même. Je pars comme ça parce que je veux tester mes limites.

Activité 13 .... p. 55
a. De quoi ? b. À quoi ?

Activité 1 .... p. 56 et 57
a Elle joue au tennis de table.
b Du handisport.
c a. l'interview d'une athlète
b. son âge, ses médailles, son parcours sportif, les difficultés qu'elle rencontre, ses projets sportifs

Activité 2 .... p. 57
a
a. Elle a un handicap.
b. le tennis de table.
c. la réactivité, la résistance physique, la rapidité
b Il y a beaucoup de préjugés ; le handisport est moins présent dans les médias ; il est difficile de trouver des sponsors et de s'entraîner avec des valides.

Activité 3 .... p. 57
Il n'y a pas de préjugés mais …
… il n'y avait rien sur le sujet dans les journaux ou dans les magazines de sport
Ce n'est pas facile de s'entraîner avec des valides.
Je n'en ai jamais gagné.

Activité 4 .... p. 57
a. Ce n'est pas facile d'être athlète handisport.
b. Dans mon équipe, personne n'a de handicap.
c. Je n'ai jamais gagné la médaille d'or aux jeux Paralympiques.
d. Avant, il n'y avait aucun article dans la presse sur le handisport.

Activité 5 .... p. 57
a. s'entraîner b. pratiquer c. gymnastique
d. tennis de table e. compétition f. médaille

Activité 6 .... p. 57
Proposition de corrigé :
Je pratique la danse comme un loisir. C'est une discipline difficile parce qu'il faut s'entraîner tous les jours. Mais, en France, par exemple, il n'y a aucune salle gratuite pour s'exercer. Il faut aussi être très créatif et ce n'est pas facile quand on travaille. J'ai déjà participé à des compétitions mais je ne suis jamais arrivé à la première place parce qu'il y a beaucoup de danseurs exceptionnels.

Activité 7 .... p. 57
Proposition de corrigé :
Je m'inscris en karaté.
En catégorie junior.
Oui, j'ai remporté une médaille de bronze.
Oui, mes parents et mon entraîneur.

Activité 8 .... p. 57
a
a. toujours b. tout le monde c. tout
b ne + verbe + jamais, personne, rien

GRAMMAIRE

Activité 1 .... p. 60
a. C'est une curieuse personne.
b. c'est un homme grand.
c. c'est un grand homme.
d. c'est une maison ancienne.
e. ce sont des enfants curieux.

Activité 2 .... p. 60
a. J'en ai besoin. b. Tu en as envie ?
c. Tu y penses ? d. Ils en rêvent.
e. Vous vous y intéressez ?

Activité 3 .... p. 60
a. Grâce à b. À cause de c. parce que
d. parce que e. Grâce à

Activité 4 .... p. 60
a. Je n'ai jamais gagné de médaille d'or.
b. Il n'est pas très enthousiaste.
c. Je ne prépare rien pour mes voyages.
d. Elle n'a jamais visité l'Espagne.
e. Je n'ai rencontré personne en Europe.

Activité 5 .... p. 60
a. Tu en as besoin ? b. Tu y as pensé ?
c. Tu t'en souviens ? d. Tu y as déjà participé ? e. Tu en es revenu ?

LEXIQUE

Activité 1 .... p. 61
a. Il est malhonnête.
b. Elle est désagréable.
c. Tu es désorganisé.
d. Je suis impatiente.
e. On est imprudents.

Activité 2 .... p. 61
a. tenir un budget
b. faire le tour du monde
c. préparer minutieusement un voyage
d. découvrir un nouveau pays
e. loger dans un hôtel confortable

Activité 3 .... p. 61
a. tourisme b. visa c. vaccin d. paysages
e. bronzer

Activité 4 .... p. 61
1. e 2. a, c 3. b 4. d

PHONÉTIQUE

Activité 1 .... p. 61
a. C'est un athlète anglais.
b. C'est un voyageur organisé.
c. Tu fais du tourisme écologique ?
d. La nature est exceptionnelle !
e. J'ai découvert un nouvel endroit.

Activité 2 .... p. 61

	[ʃ]	[ʒ]	[ʃ] et [ʒ]
a.			X
b.		X	
c.			X
d.		X	
e.		X	

COMPRÉHENSION DE L'ORAL .... p. 62
Exercice 1
Message 1 : Lieu : une gare
Objet du message : une annulation
Les passagers : Ils doivent échanger les billets.
Message 2 : Lieu : un aéroport
Objet du message : un retard
Les passagers : Ils doivent attendre.

Exercice 2
1. au Brésil. 2. Pour le travail de son mari.
3. contente, stressée 4. découvrir la culture, apprendre la langue, prendre du temps pour sa famille

COMPRÉHENSION DES ÉCRITS .... p. 62-63
1. Marie est partie à l'Île Maurice et Arnaud à Hawaï.

CORRIGÉS

2. Avec la réalité virtuelle.
3. Le prix de la séance
4. Il n'y a pas besoin de passeport, de vaccins ou de visa.
5. Permettre au consommateur de mieux préparer son voyage.

PRODUCTION ÉCRITE .... p. 63
Proposition de corrigé :
Chers collègues,
Notre entreprise peut participer à un challenge sportif le mois prochain. Le challenge est de marcher le plus possible pendant une semaine. Certains employés ne veulent pas s'inscrire. Mais j'insiste ! Je vous assure : ce challenge est très intéressant. Nous allons faire du sport et nous connaître mieux. En plus, nous pouvons, j'en suis sûr, remporter la victoire ! Alors, n'hésitez pas ! Venez vous inscrire pour ce défi et gagner la médaille d'or.
À très vite pour les inscriptions!
Jean

PRODUCTION ORALE .... p. 63
Propositions de corrigé :
Partie 1 :
Je m'appelle Sarah. J'adore cuisiner et écouter de la musique. Je fais des études de littérature et j'adore la littérature de voyage. Ma famille organise un grand voyage tous les deux ans. J'ai visité l'Australie, la France et beaucoup de pays en Amérique du Sud. J'aimerais beaucoup aller au Mali et au Sénégal car j'adore les spécialités culinaires de ces deux pays.

Partie 2 :
Sujet 1 :
Je ne suis pas un grand sportif mais j'adore faire du sport. Je fais du football une fois par semaine. J'aime ce sport car c'est un sport d'équipe qui permet de rester en forme et de s'amuser.

Sujet 2 :
En voyage, j'adore visiter les musées et les monuments pour connaître la culture du pays. Je suis donc très curieuse. Par contre, je suis plutôt solitaire. J'aime découvrir seule les mystères des villes.

Partie 3 :
Sujet 1 :
– Salut Emma !
– Salut Jeanne ! Comment ça va ?
– Bien, mais tu ne m'as pas répondu pour la danse...
– Oui, c'est vrai. Mais tu sais, je ne suis pas très sportive.
– Eh bien, c'est une bonne occasion de faire du sport !
– Oui, mais je n'ai pas beaucoup de temps avec mes enfants et mon travail.
– Il faut prendre du temps pour toi ! Allez, viens ! Inscris-toi ! J'insiste !

Sujet 2 :
– Bonjour. Je voudrais organiser un grand voyage.
– Oui, quel type de voyage aimez-vous ?
– J'aime beaucoup la nature et j'adore marcher.
– Très bien. J'ai deux types de voyage à vous proposer. Un voyage en Amérique du Sud avec de la randonnée tous les jours.

– C'est en grand groupe ou en petit groupe ?
– En petit groupe.
– C'est mieux !
– Le deuxième voyage est un circuit dans le désert. Vous pourrez dormir à la belle étoile.
– C'est génial ! Et on change d'endroit tous les jours ?
– Oui, bien sûr ! Vous vous déplacez en 4X4 avec un guide.

Unité 6

Activité 1 .... p. 64
a. une expérience avec les sens.
b. imaginer un fruit.
c. il est sucré : le goût – il est lourd : le toucher – ses couleurs : la vue – il produit un son creux : l'ouïe – son parfum : l'odorat

Activité 2 .... p. 64

la vue	l'odorat	l'ouïe	le toucher	le goût
3	1	2	5	4

Activité 3 .... p. 64
je sens sa chaleur – j'entends le son relaxant – je vois le beau ciel bleu – j'adore goûter

Activité 4 .... p. 65
a. [s] – b. [s], [z] – c. [s] – d. [s], [z] – e. [z], [s] – f. [s], [z]

Activité 5 .... p. 65
a
a. SAVEUR b. SENTIR c. SURPRISE
d. DÉSINTÉRÊT e. DÉCEPTION
f. DÉLICIEUSE
b [s] : s au début du mot, c, t + ion
[z] : s au milieu du mot

Activité 6 .... p. 65
a. C'est la meilleure expérience.
b. Ce sont les épices les plus savoureuses.
c. C'est la forêt la plus belle.
d. Ce sont les fleurs les plus colorées.
e. C'est le parc le plus joli.

Activité 7 .... p. 65
utiliser : se servir – identifier : reconnaître – découvrir : explorer – incroyable : impressionnante – complète : totale.

Activité 8 .... p. 65
Nous nous asseyons – Je m'assieds – Ma mère s'assied – Mes grands-parents s'assoient – vous vous asseyez

Activité 9 .... p. 65
Proposition de corrigé : J'aime le son du crayon sur le papier. J'aime l'odeur de mes livres. J'aime sentir le bois de la table où je prends mon petit déjeuner. J'aime regarder le ciel et les nuages quand je suis dans le bus. J'aime le goût du pain frais que je mange le matin.

Activité 10 .... p. 65
Proposition de corrigé : J'imagine que je mange un fondant au chocolat. Je commence par le regarder : j'observe la couleur marron intense. Puis, je sens la bonne odeur de chocolat ! Enfin, je ne peux pas résister, je le goûte !

Activité 11 .... p. 65
a Ce sont les meilleurs gâteaux du monde ! J'ai mangé la plus grosse part de gâteau.
b C'est la pire journée de sa vie ! C'est le plat le moins épicé du menu.

Activité 1 .... p. 66
a. L'émission parle de culture.
b. Ils ont assisté à un festival de musique.
c. les performances – le son – le public
d. Il est déçu parce qu'il était loin de la scène.
e. Il faut arriver tôt.

Activité 2 .... p. 66

C	N	O	I	T	I	S	O	P	X	E	X
N	L	D	J	O	N	P	W	M	U	E	O
V	O	S	E	L	O	R	A	P	G	E	J
S	P	S	C	S	U	S	I	A	A	N	E
H	C	J	N	P	P	S	S	L	L	R	I
H	L	U	F	A	W	A	K	B	E	U	S
U	X	U	L	D	H	A	Y	U	R	O	Z
A	A	L	S	P	G	C	E	M	I	T	X
D	E	Z	C	Q	T	G	X	E	E	D	R
H	K	M	E	F	F	U	U	F	S	J	A
M	F	N	N	L	W	F	R	J	X	U	S
E	T	T	E	H	C	O	P	E	P	B	M

Activité 3 .... p. 66

a	b	b	d	e
+	–	–	–	+

Activité 4 .... p. 67
a. Je trouve ce film très intéressant.
b. J'aime beaucoup aller au théâtre.
c. Je suis déçu(e) par la visite de la galerie.
d. Je pense que c'est la chanteuse la plus talentueuse en ce moment.

Activité 5 .... p. 67
a. 3, 4 – b. 1 – c. 2

Activité 6 .... p. 67
a
a. [e] ; b. [a] ; c. [ə] ; d. [a] ; e. [e] ; f. rien (e muet)
b
rien : e précédé d'1 consonne
[ə] : e précédé de 2 consonnes
[a] : a, e + mm
[e] : é

Activité 7 .... p. 67
a. laquelle b. lesquels c. lesquelles
d. lequel

Activité 8 .... p. 67
a. 3 ; b. 5 ; c. 2 ; d. 1 ; e. 4

Activité 9 .... p. 67
Proposition de corrigé : Bonjour Angèle, je vous écris pour vous dire que j'adore votre nouvel album. Je trouve les paroles originales et la musique est géniale ! Je pense que vous avez beaucoup de talent. À mon avis, vous êtes la meilleure chanteuse au monde !

Activité 10 .... p. 67
Proposition de corrigé : J'ai visité le musée samedi dernier. Je suis déçu(e) parce qu'il y avait beaucoup trop de monde. On a attendu longtemps avant

d'entrer et puis après c'était compliqué de voir les œuvres, il n'y avait pas assez de place pour tous les visiteurs.

Activité 11 .... p. 67
a lequel : masculin singulier
laquelle : féminin singulier
lesquels : masculin pluriel
lesquelles : féminin pluriel
b positif : extraordinaire ; impressionnant ; sincère ; original.
négatif : ennuyeux ; décevant ; nul ; mauvais

Activité 1 .... p. 68
a Les visages expriment des émotions.
b Le titre parle aussi des émotions.
c a. d'un magazine sur le bien-être.
b. des conseils.

Activité 2 .... p. 69
a. Le document parle de la peur, de l'anxiété, de la colère et de la joie.
b. On doit réfléchir à la cause des émotions.
c. On doit commencer une liste d'actions pour se sentir bien.
d. Il faut faire des activités qui font plaisir.

Activité 3 .... p. 69
a. profondément : profond
b. uniquement : unique
c. récemment : récent
d. suffisamment : suffisant

Activité 4 .... p. 69
a. certainement b. totalement
c. méchamment d. patiemment
e. énormément

Activité 5 .... p. 69
Proposition de corrigé : Je marche tranquillement. Je détends complètement mon corps. Je ne fais rien, je reste simplement immobile. Je profite vraiment du moment présent. Je ne pars jamais précipitamment.

Activité 6 .... p. 69
Proposition de corrigé : Je suis dans la rue et j'arrive sur la grande place. J'attends un ami pour aller au restaurant puis au cinéma. Il arrive et il me dit qu'on doit attendre parce qu'il doit donner quelque chose à quelqu'un. Il ne me donne pas de précisions, je trouve ça un peu bizarre. On attend quelques minutes et là il me dit de chercher l'adresse du restaurant sur mon téléphone. Pendant que je cherche, je sens une main qui se pose sur mon épaule. Je regarde et je vois ma meilleure amie ! C'est une grande surprise : je pensais qu'elle était à l'autre bout du monde. Après la surprise, je ressens une très grande joie. Je suis tellement contente de passer du temps avec elle !

Activité 7 .... p. 69
a vrai ➜ vraiment – total ➜ totalement
prudent ➜ prudemment
bruyant ➜ bruyamment
b joie – colère – tristesse

J'applique les stratégies .... p. 71
b bien-être – santé – jardin – rajeunissement – bienfaits – sens
c **Proposition de corrigé :** Le texte parle des effets positifs de la nature sur notre corps : faire du jardinage permet de rester jeune plus longtemps.

GRAMMAIRE

Activité 1 .... p. 72
a. Angèle est la chanteuse la plus populaire du festival.
b. Il a gagné le prix du meilleur film de l'année.
c. Le marron est la moins jolie couleur, selon moi.
d. Ce sont les sculptures les plus impressionnantes du musée.
e. C'est le pire souvenir de mon enfance.

Activité 2 .... p. 72
a. Lesquelles tu choisis ?
b. Lequel tu veux ?
c. Laquelle vous voulez ?
d. Lesquels tu préfères ?
e. Lequel ils ont pris ?

Activité 3 .... p. 72
a. vous vous asseyez
b. nous nous asseyons
c. tu t'assieds – Béa s'assoie
d. je m'assieds
e. Ils s'assoient

Activité 4 .... p. 72
a. Attendre patiemment
b. Décrire précisément
c. Écouter attentivement
d. Travailler différemment
e. Manger bruyamment

LEXIQUE

Activité 1 .... p. 72
a. bruits b. sentir c. écho d. sucré
e. odeur

Activité 2 .... p. 73
a. album b. classique c. scène
d. exposer e. tournée

Activité 3 .... p. 73
a. 3 – b. 5 – c. 1 – d. 2 – e. 4

Activité 4 .... p. 73
forêt – feuilles – bruits – animal – homme

PHONÉTIQUE

Activité 1 .... p. 73
a. poisson b. cousin c. treize d. dessert
e. ils ont

Activité 2 .... p. 73

	a.	b.	c.	d.	e.
Syllabe 1			[e]	[e]	[ə]
Syllabe 2		[e]	[a]		[a]
Syllabe 3	[a]			[a]	[e]

COMPRÉHENSION DE L'ORAL .... p. 74
Exercice 1
a. la fermeture du musée. b. 30 minutes.
c. à côté de l'escalier.
d. prendre leurs affaires.
e. À 8 heures.

Exercice 2
a. La culture.
b. 40 ans.
c. Le 6 juillet.
d. 3 000.
e. montrealjazzfest.com

COMPRÉHENSION DES ÉCRITS .... p. 74-75
a. une rubrique dans un journal.
b. 1. Faux : « le développement des zones urbaines »
2. Faux : « Vous serez accompagnés d'un guide spécialiste des forêts… » 3. Vrai
4. Faux : « tous les mercredis et samedis jusqu'au 31 mai »

PRODUCTION ÉCRITE .... p. 75
Proposition de corrigé :
À : arthur.bonneau@yahoo.fr
Salut Arthur,
Comment tu vas ? Tu sais, je suis allé au festival La Route du Rock la semaine dernière. C'était vraiment génial ! J'ai adoré l'ambiance et la programmation était excellente cette année. Les concerts étaient extraordinaires ! Et c'était impressionnant d'entendre tout le public chanter. Quelle expérience ! J'ai seulement été un peu déçu par la nourriture, ce n'était pas très bon et trop cher. J'espère que tu pourras venir avec moi l'année prochaine.
À plus !
Romain

PRODUCTION ORALE .... p. 75
Partie 1 :
Proposition de corrigé :
Je m'appelle Justine, j'ai 21 ans et j'habite à Strasbourg. J'ai un frère, qui vit au Canada. Je n'ai pas d'animaux, et j'ai un peu peur des chiens. J'aime bien sortir avec mes amis. On va au restaurant, au cinéma ou en discothèque. J'adore danser. J'ai fait de la danse classique pendant 10 ans.

Partie 2 :
Propositions de corrigé :
Sujet 1 :
Un jour, j'étais chez mes grands-parents. Ils avaient une ferme à la campagne. C'était l'été et il faisait chaud. Je jouais avec mes cousins dehors, on courait pieds nus sur l'herbe. Notre grand-père est venu nous chercher et il nous a dit que c'était dangereux à cause des serpents. Au même moment, j'ai entendu comme un sifflement à côté de moi. J'ai regardé à cet endroit et il y avait un serpent ! J'ai eu très peur ! Mon cœur battait très fort et vite, et je ne pouvais pas bouger. Puis le serpent est parti et on est tous rentrés à la maison.

Sujet 2 :
Mon artiste préféré est Grand Corps Malade. C'est un chanteur français. Il fait du slam, c'est un style de musique qui ressemble un peu au rap. J'aime beaucoup cet artiste parce que ces paroles sont très belles et intelligentes. Il parle de problèmes qui existent dans la société et il aime bien faire des jeux de mots.

Partie 3 :
Sujet 1 :
– Bonjour, je vous appelle pour avoir des renseignements. Je voudrais offrir un cadeau original à un ami : je pense lui offrir une œuvre d'art. Je voudrais savoir le type d'œuvres que vous proposez dans votre galerie.
– On a des sculptures et des peintures. Quel est votre budget ?

CORRIGÉS

– J'ai un budget de 500 euros. Je serais intéressé par une peinture. Est-ce que vous avez des peintures de paysages en grand format ?
– Oui, nous en avons plusieurs.
– D'accord, et elles coûtent combien ?
– Elles sont entre 300 et 700 euros. On a beaucoup de peintures qui coûtent environ 500 euros.
– Très bien, merci pour ces informations, je vais venir vous voir.

Sujet 2 :
– Salut, ce serait super de faire une visite dans la ville prochainement. Qu'est-ce qui t'intéresse comme sortie culturelle ? Tu préfères aller au musée ? Voir une pièce au théâtre ?
– J'aime bien aller au musée. Je ne suis pas intéressée par le théâtre, je préfère aller à l'opéra.
– Bof, je n'aime pas vraiment l'opéra. C'est cher et puis c'est long ! On peut aller au musée. Tu préfères aller au musée des beaux arts ou bien au musée d'histoire naturelle ?
– Le musée d'histoire naturelle.
– Super, je n'y suis jamais allé, ça m'intéresse. Tu es disponible ce week-end ? Moi je suis libre samedi après-midi.
– Oui, très bien.
– Parfait, rendez-vous devant le musée à 13 h 30 alors !

Unité 7

Activité 1 .... p. 76
a **a.** de travail.
b. style vestimentaire.
c. strict, élégant, original, décontracté
d. autoritaire, cool, expert
e. une seconde
b **1.** c. – **2.** a. – **3.** b.

Activité 2 .... p. 76
a. du maquillage
b. des accessoires
c. un tatouage
d. un défilé

Activité 3 .... p. 76
a. transformer
b. changer
c. évoluer
d. innover

Activité 4 .... p. 77
a. De jolis accessoires.
b. Un petit éventail.
c. Elles évoluent.
d. Il s'en inspire.
e. Ils innovent.

Activité 5 .... p. 77
a. Il y a des évolutions importantes dans la mode.
b. Il y a de grandes évolutions dans la mode.
c. Les stylistes innovent avec plusieurs accessoires.
d. Ils innovent avec beaucoup d'accessoires.

Activité 6 .... p. 77
Description / Contexte : **a, d, e**
Changement : **f**
Continuité : **b, c**

Activité 7 .... p. 77
a
a. était
b. a créé
c. s'est toujours inspiré
d. était
e. a finalement créé
b GIVENCHY

Activité 8 .... p. 77

	1	2								
1	A	N	C	I	E	N				
		T								
3	C	O	U	R	T			4		
	5	R						M		
	O	N			6	D	É	M	O	D É
	R	A						O		
	I	T						D		
	G	I						E		
	I	O						R		
7	C	O	N	F	O	R	T	A	B	L E
	A	A								
	L	L								

Activité 9 .... p. 77
Proposition de corrigé :
En France, la mode a beaucoup changé en 100 ans. Par exemple, avant la guerre, les femmes portaient des robes longues et mettaient beaucoup d'accessoires. Pendant la guerre, elles devaient travailler et porter des vêtements pratiques. Après la guerre, elles ont commencé à porter des robes plus courtes. Aujourd'hui, je pense que la mode est plus internationale : tout le monde peut créer son propre look.

Activité 10 .... p. 77
Proposition de corrigé :
Mon grand-père vivait à la campagne et portait un chapeau très français : le béret. Aujourd'hui, le béret revient à la mode mais il est plus moderne. Ma grand-mère portait des vêtements de femme. Moi, je suis une fille, et je peux m'habiller en pantalon avec une chemise par exemple.

Activité 11 .... p. 77
De jolis accessoires
➞ adjectif + nom : liaison
Des accessoires originaux
➞ nom + adjectif : pas de liaison

Activité 1 .... p. 78
a **a.** le 5 septembre 2018
b. Cecilia Rouaud
c. Vanessa Paradis, Camille Cotin et Pierre Deladonchamps, Chantal Lauby et Jean-Pierre Bacri
b **b.** Claudine **c.** Gabrielle
e. Pierre **e.** Mao

Activité 2 .... p. 78
a. oncle **b.** grand-mère **c.** cousin
d. tante **e.** nièce

Activité 3 .... p. 78
a. grandi **b.** devenu
c. offert **d.** aimé
e. créé

Activité 4 .... p. 79
retrouver – ressemble – cherchons – donner.

Activité 5 .... p. 79
a. [e], [i] **b.** [i] **c.** [e] **d.** [ɛ] **e.** [i]

Activité 6 .... p. 79
a
a. un bijou **b.** un henné **c.** un créateur
d. une tresse **e.** un ancêtre **f.** une pièce de collection
b [i] : i – [e] : e, é – [ɛ] : e, è, ê

Activité 7 .... p. 79
Cause : **a**
Conséquence : **b, c, d**

Activité 8 .... p. 79
a. grâce à mon père.
b. parce que mon père m'a appris.
c. grâce à ma mère.
d. Donc, elle m'a lu beaucoup d'histoires !
e. C'est pourquoi je fais un arbre généalogique.

Activité 9 .... p. 79
Proposition de corrigé :
Je voudrais faire un arbre généalogique et j'aurais besoin d'aide. Toute la famille doit participer parce que c'est très important de connaître nos origines, de savoir d'où on vient. C'est intéressant aussi de rencontrer des personnes inconnues qui sont en fait de notre famille. Peut-être qu'on a beaucoup de choses à partager !

Activité 10 .... p. 79
Proposition de corrigé :
Tout va bien dans ma famille. Ma sœur vient de se marier et d'avoir un enfant. Mon frère a divorcé mais je crois qu'il a rencontré quelqu'un d'autre. Mes parents vont bien aussi. Ils sont très en forme ! Mon père a été à l'hôpital le mois dernier mais aujourd'hui, il est en bonne santé.

Activité 11 .... p. 79
a Grâce à + nom
Parce que + verbe conjugué
Donc, Alors + « , »
b **Proposition de corrigé :**
Je suis acteur parce que ma mère est cinéphile.
Je suis acteur grâce à ma mère.
Ma mère est cinéphile. Donc, je suis devenu acteur.

Activité 1 .... p. 81
a des objets anciens.
b une exposition
c les objets exposés – les personnes qui participent à l'exposition.
d **a.** valoriser le patrimoine
b. les habitants de la ville de Fresnes
c. à l'écomusée du Val-de-Bièvre
d. des objets personnels, parfois du quotidien
e. l'histoire de la ville

Activité 2 .... p. 81
a. – b. – e. – f.

Activité 3 .... p. 81
a. Faux : L'écomusée du Val-de-Bièvre a invité tous les habitants de la ville.
b. Vrai : sans aucune obligation
c. Faux : enrichis de plusieurs vidéos et de quelques entretiens

Activité 4 .... p. 81
a. Chaque **b.** Tous **c.** plusieurs
d. quelques

cent-onze **111**

Activité 5 .... p. 81
Proposition de corrigé :
Sur ma table de nuit, il y a un vieux réveil rétro que j'adore. Il y a aussi mon téléphone et des écouteurs parce que j'aime beaucoup regarder des vidéos le soir ! J'ai toujours deux livres, un paquet de mouchoirs et une bouteille d'eau.

Activité 6 .... p. 81
Proposition de corrigé :
J'ai tous les livres de Fred Vargas parce que j'adore les polars français.
Par contre, je n'ai aucun livre de science-fiction : je n'aime pas ça.
J'ai quelques pièces anciennes qui appartenaient à mon grand-père.
J'ai aussi plusieurs foulards car j'aime bien porter des couleurs différentes.

Activité 7 .... p. 81
ⓐ Tous les habitants
Toutes les habitantes
Aucun habitant
Aucune habitante
ⓑ Proposition de corrigé :
Tous les Français sont fiers de leur langue.
Toutes les Françaises sont élégantes.
Aucun Français n'est poli.
Aucune Française n'est petite.

Je coopère .... p. 82
ⓒ Proposition de corrigé :
un cahier pour écrire
un manuel pour apprendre
un chronomètre pour faire les activités

J'apprends .... p. 83
ⓐ d – b – c – a
ⓑ d. imparfait
b. passé composé
c. passé composé
a. imparfait

GRAMMAIRE
Activité 1 .... p. 84
a. Elle a toujours adoré la haute couture.
b. Il voulait proposer sa vision du monde.
c. Il est finalement devenu styliste.
d. Sa collection était très colorée.
e. Il s'est toujours inspiré de ses origines.

Activité 2 .... p. 84
a. Il a toujours préféré ce créateur.
b. Un jour, il a changé de style.
c. Il a finalement créé sa maison de haute couture.
d. Ce défilé était exceptionnel !
e. Avant, les hommes portaient des costumes.

Activité 3 .... p. 84
a. grâce à b. parce que c. Alors,
d. parce qu' e. grâce à

Activité 4 .... p. 84
a. chaque b. toutes c. quelques
d. plusieurs e. tous

LEXIQUE
Activité 1 .... p. 84
a. une coiffure b. proposer
c. un architecte d. un tatouage
e. modifié

Activité 2 .... p. 85
a. présente b. propose c. remet
d. trouve e. change

Activité 3 .... p. 85

```
        1
        D
              3
  2 M A R I É    M
        V        E
   4    O        M
   P    R        B
 5 A N C Ê T R E
   C    É        E
   S
```

Activité 4 .... p. 85
a. rectangulaire, en cuir, rouge b. en bois, rouge c. en soie, bleu d. rondes, en métal e. ronde, en porcelaine, rouge

PHONÉTIQUE
Activité 1 .... p. 85
a. C'est un grand artiste.
b. Ils ont retrouvé leur famille.
c. Tu as rapporté quelques objets ?
d. Elle y trouve son inspiration.
e. Elles en proposent plusieurs.

Activité 2 .... p. 85
a. [ɛ] – b. [i] – c. [i] – d. [i],[ɛ] – e. [e]

COMPRÉHENSION DE L'ORAL .... p. 86
1. L'histoire familiale
2. 87 %
3. Il est généalogiste.
4. une passion, un jeu et un challenge
5. C'est très important de raconter l'histoire des ancêtres pour transmettre un héritage.
6. Ses grands-parents.

COMPRÉHENSION DES ÉCRITS .... p. 86
1. À sa grand-mère.
2. Des accessoires.
3. Des études de la langue des sourds.
4. Une vente privée.
5. 7
6. a. Faux. « En 2008, arrivée à Paris, j'étais un peu déprimée. »
b. Faux. « J'ai décidé de créer un groupe Facebook pour partager des créations que je trouvais extraordinaires. »
c. Faux. « Je ne voulais pas qu'on sache qui j'étais. »
d. Vrai. « Je voulais juste un peu d'argent pour aller en Bulgarie faire mon stage. »
e. Faux. « il y a eu près de deux cents personnes pour une vingtaine de bracelets. »

PRODUCTION ÉCRITE .... p. 87
Proposition de corrigé :
Salut la communauté ! Aujourd'hui, je veux partager un souvenir de famille. Quand j'avais 10 ans, on est allés au Portugal avec mes parents pour rendre visite à ma famille portugaise. Pendant ces vacances, ma grand-mère m'a appris à coudre. Elle m'a montré sa vieille machine à coudre et nous avons passé nos vacances à coudre des chemises pour toute la famille. Je crois que c'est grâce à elle que je suis devenu styliste et que je vis aujourd'hui au Portugal.

PRODUCTION ORALE .... p. 87
Propositions de corrigé :
Partie 1 :
Bonjour. Je m'appelle Sara. J'ai trois frères et deux sœurs. Ils habitent à Marseille. Mes cousins, eux, habitent en Espagne. Nous sommes une famille très nombreuse !

Partie 2 :
Sujet 1 :
Oui, j'adore le changement ! Par exemple, j'aime beaucoup voyager. Il y a quelques mois, j'ai décidé de partir vivre en France. J'apprends le français parce que je veux m'installer à Paris. J'aimerais aussi changer d'études. Aujourd'hui, j'étudie la littérature, mais j'aimerais beaucoup étudier l'histoire de l'art.

Sujet 2 :
Mon journal me rappelle beaucoup de souvenirs. Je l'écrivais à l'âge de 15 ans. Je le relis parfois et je vois que j'ai beaucoup changé. J'aime aussi regarder des photos qui me rappellent les bons moments passés avec ma famille et mes amis.

Partie 3 :
Sujet 1 :
Allô, c'est Samir. Je me présente, je suis le fils de Sara et de Fabien. Je crois que Fabien est ton oncle, le frère de ta mère, Élisa. Comment vont tes parents ?

Sujet 2 :
Bonjour madame. Notre réseau vous propose de réaliser des arbres généalogiques en ligne et de les partager avec les membres de votre famille. L'inscription à notre réseau est très pratique car nous vous donnons toutes les informations utiles pour réaliser votre arbre généalogique très rapidement.

Unité 8

Activité 1 .... p. 88

	Lieu du service	Service(s) rendu(s)
1.	Restos du cœur	Ranger et compter les aliments.
2.	Antilles (association)	Créer des documents et des expositions.
3.	Paris (restaurant)	Utiliser les toilettes, réchauffer un plat.
4.	Immeuble	Porter les courses, garder le chat.

Activité 2 .... p. 88
Faites un service civique !
Où ? : À Quimper
Quand ? : du 15 janvier au 23 décembre
Mission : aider les personnes handicapées à partir en vacances.
L'objectif est d'aider des personnes handicapées à réserver les hôtels ou les transports pour partir en vacances.
Le volontaire aura aussi l'occasion de partir avec les personnes seules et de participer aux activités choisies. Il sera au service de la personne handicapée pour faciliter les déplacements et l'organisation des activités.

Activité 3 .... p. 88
Le Carillon est une association qui propose des services aux personnes sans domicile. Les commerçants ouvrent leur porte aux personnes dans le besoin. Par

CORRIGÉS

ces actions généreuses, l'association crée du lien social.

Activité 4 — p. 88
a. Expliquez-leur
b. Demande-lui
c. Donne-nous
d. Offrez-leur
e. Présentez-lui

Activité 5 — p. 88
a. Donnez-leur des repas.
b. Proposez-lui votre candidature.
c. Présentez-leur l'association.
d. Portez-lui ses courses.
e. Dites-moi qui vous voulez rencontrer.

Activité 6 — p. 89

	a.	b.	c.	d.	e.	f.
=		x				x
≠	x		x	x	x	

Activité 7 — p. 89
a
a. volontaire
b. chantier
c. partenariat
d. porte
e. aider
f. rendre
b [t] : « t » [d] : « d »

Activité 8 — p. 89
Info : information
Rdv : rendez-vous
h : heure
dvt : devant
s. : salle
tél. : téléphone

Activité 9 — p. 89
Proposition de corrigé :
a. Je peux proposer mes services aux personnes âgées de l'immeuble.
b. Je peux ouvrir ma porte pour un café chaud.
c. Je peux aider à faire le ménage ou participer à l'organisation des événements familiaux.
d. Je peux lui proposer d'expliquer des choses ou l'aider à faire des exercices.

Activité 10 — p. 89
Proposition de corrigé :
De : nolderson@gmail.com
A : lmichel@yahoo.fr
Objet : Les Restos du cœur
Bonjour Niel,
Merci pour ton message. J'ai travaillé pour les Restos du cœur. J'y suis allée tous les mardis soir et je distribuais les repas. C'était une très bonne expérience. J'ai rencontré des bénévoles et des personnes dans le besoin. J'ai beaucoup appris. Je te conseille de t'y engager si tu peux.
À bientôt.
Louise

Activité 11 — p. 89
a ouvrir sa porte – proposer des services – rendre service – participer à une action
b a. un volontaire
b. une mission
c. un partenariat

Activité 1 — p. 90
a Il propose de l'aide pour rénover votre logement.
b a. On peut remplacer les fenêtres, isoler son logement, changer de chaudière.
b. aider à trouver des aides financières – donner des conseils de rénovation.

Actitvé 2 — p. 90

1. CANAPE
2. ESCALIER (vertical)
3. CUISINE
4. TIROIR
5. ARMOIRE

Activité 3 — p. 91
grande cuisine ouverte sur le salon équipé d'un canapé-lit. Trois grandes chambres avec rangements. Deux salles de bains avec douche. Place de parking devant l'immeuble. Chauffage électrique.

Activité 4 — p. 91
1. Faux.
2. Vrai.
3. Vrai. Ils sont blancs.
4. Vrai. On a enlevé le chauffage électrique.
5. Vrai. On a isolé les fenêtres.

Activité 5 — p. 91
a. forte b. bain c. volet d. chauffe
e. fenêtre f. il part bien

Activité 6 — p. 91

	a.	b.	c.	d.	e.	f.
[p]	x			x	x	x
[b]					x	x
[f]		x	x	x		
[v]	x	x	x	x		x

Activité 7 — p. 91
1. d – 2. f – 3. a – 4. b – 5. c – 6. e

Activité 8 — p. 91
a. rendent
b. vend
c. attendons
d. entendez
e. attends

Activité 9 — p. 91
Proposition de corrigé : Je voudrais vivre dans une yourte pour pouvoir voyager avec ma maison. Dans une yourte, je ferais du tri afin de ne pas avoir trop de bagages. J'achèterais des chevaux pour me déplacer facilement. Je voudrais vivre dans une yourte pour vivre dans la nature.

Activité 10 — p. 91
Proposition de corrigé :
De : Rosarose@gmail.com
À : xiaokang@yahoo.fr
Objet : rénovations
Bonjour Xiaokang,
Les rénovations de mon appartement sont finies ! J'ai repeint tous les murs en beige. C'est très lumineux. J'ai aussi agrandi les fenêtres. La chambre est bien isolée et il fait très chaud l'hiver. Viens vite pour voir mon nouvel appartement !
À bientôt.
Rosa

Activité 11 — p. 91
a les ampoules basse consommation – le double vitrage – l'isolation des murs (les volets peuvent également être écologiques : ils ne laissent pas entrer la chaleur et isolent du froid).
b a. louer
b. un escalier
c a. le canapé, le tapis
b. une chambre, une cuisine, une salle de bains
c. isoler, repeindre, agrandir

Activité 1 — p. 93
a a. Faux b. Vrai
b 1. c. 3 semaines avant 2. a. le plus tôt possible 3. d. 1 semaine avant 4. e. le jour du déménagement 5. b. 4 semaines avant 6. b. 4 semaines avant
c Proposition de corrigé : Quand je déménage, je donne beaucoup de choses. Je donne des vêtements, des meubles, de la vaisselle. Je donne tous les objets utiles que j'ai en trop.

Activité 2 — p. 93
Proposition de corrigé :
Pour mon déménagement, si je peux, je contacterai un service de déménagement. Si je parviens à acheter une maison, je rédigerai mon testament chez un notaire. Si je n'ai pas d'héritier, j'engagerai un détective pour retrouver des membres de ma famille.

Activité 3 — p. 93
a. pourras b. habiterais c. hérite
d. rédigiez e. retirerai

Activité 4 — p. 93
a. faire une demande de carte bancaire
b. engager un détective
c. louer une maison
d. se marier
e. faire une demande de passeport
f. prendre contact

Activité 5 — p. 93
Proposition de corrigé :
À : vitedehorsvitededans
De : fduchement@gmail.fr
Objet : demande de renseignements
Madame, Monsieur,
Je vous contacte pour avoir des renseignements. Je vais déménager le mois prochain et j'aimerais connaître vos conditions pour déménager. Quels services est-ce que vous proposez ? Si je veux louer un camion, combien ça coûte ? Si je demande des déménageurs, je dois réserver combien de temps à l'avance ? Combien ça coûte ?
Je vais emménager au troisième étage. Est-ce que c'est un problème ?
Je vous remercie.
Cordialement,
François Duchement

Activité 6 — p. 93
Proposition de corrigé :
– J'ai vraiment trop de choses dans mon armoire. Je dois faire du tri !

cent-treize **113**

– Tu as besoin d'aide ? Je peux regarder avec toi.
– Oh, c'est vraiment sympa.
– Qu'est-ce que tu veux vraiment garder ?
– Je ne sais pas… Il y a des vêtements que je ne porte pas.
– Si tu n'as pas porté un vêtement cette année, ce n'est pas nécessaire de le garder.
– D'accord.
– Tu as aussi beaucoup d'objets… Ce sont des héritages de ta famille ?
– Non, ce sont des objets que j'ai achetés mais que je n'utilise plus.
– Si tu ne les utilises plus, tu peux les donner. Si tu veux, je peux les prendre et les déposer chez Emmaüs.
– Oui, merci.

Activité 7 .... p. 93
b Proposition de corrigé :
Pouvoir : indicatif présent : je peux ; indicatif imparfait : je pouvais ; conditionnel présent : je pourrais ; indicatif futur : je pourrai – Déménager : indicatif présent : je déménage ; indicatif imparfait : je déménageais ; conditionnel présent : je déménagerais ; indicatif futur : je déménagerai – Avoir : indicatif présent : j'ai ; indicatif imparfait : j'avais ; conditionnel présent : j'aurais ; indicatif futur : j'aurai – Passer : indicatif présent : je passe ; indicatif imparfait : je passais ; conditionnel présent : je passerais ; indicatif futur : je passerai

J'apprends .... p. 95
a Les yeux fixes, les traits tirés, les rides d'expression très marquées, la bouche ouverte
b la surprise ➜ les yeux grands ouverts, les sourcils levés, la bouche entrouverte
la joie ➜ le sourire, les rides d'expression autour des yeux, des joues
la tristesse ➜ la bouche fermée, les yeux qui se ferment, les larmes

Je respire .... p. 95
Proposition de corrigé :
Si j'étais président, je donnerais plus d'aide aux personnes dans le besoin.
Si je parlais toutes les langues, je voyagerais plus.
Si j'étais chanteur, je chanterais du rock.
Si j'étais un animal, je serais une licorne.

GRAMMAIRE

Activité 1 .... p. 96
a. Marie appelle pour prendre des nouvelles.
b. Nous vous avons contacté afin de connaître votre avis.
c. On se téléphone afin de fixer un rendez-vous.
d. Tu poses des questions pour bien comprendre.
e. Ils ont contacté un notaire afin de rédiger leur testament.

Activité 2 .... p. 96
a. Demande-lui des nouvelles.
b. Parlez-leur.
c. Téléphone-moi.
d. Écrivez-leur.
e. Offre-lui ton cadeau.

Activité 3 .... p. 96
a. pourras b. arrives c. ferais d. hériterait
e. sera

Activité 4 .... p. 96
a. vend b. rendent c. rends d. attendons
e. entendez

LEXIQUE

Activité 1 .... p. 97
a. rénover b. bricoler c. aménager
d. isoler e. ventiler

Activité 2 .... p. 97
a. un volontaire
b. un locataire
c. un propriétaire
d. un détective
e. un notaire

Activité 3 .... p. 97
1. tiroir 2. aménager 3. ouvrir sa porte
4. héritage 5. être dans le besoin

Activité 4 .... p. 97
a. les murs b. le chauffage c. volets
d. l'escalier e. chantier

PHONÉTIQUE

Activité 1 .... p. 97
a. [t] n°5 – b. [t] n°4 – c. [t] n°7 –
d. [d] n°2 – e. [d] n°3, 7, 8

Activité 2 .... p. 97
a. Une salle de **b**ains
b. Un **b**ureau
c. Un **p**arking
d. Une **f**enêtre
e. Un **v**olet

COMPRÉHENSION DE L'ORAL .... p. 98
1. depuis 25 ans.
2. Infirmière
3. Passionné et patient
4. a. Vrai b. Faux

COMPRÉHENSION DES ÉCRITS .... p. 98
1. Ils ont prêté leur maison pendant les vacances.
2. Ce n'est pas cher.
3. la chambre et la salle de bains
4. les poubelles
5. a. Vrai. « Grâce à l'échange de maison, Mathieu et Sophie ont pu profiter d'appartements aux quatre coins du monde. »
b. Faux « Demandez-leur… s'ils ont des animaux à garder. »
c. Vrai. « Prévenez vos voisins ! »
6. Faire attention aux affaires

PRODUCTION ÉCRITE .... p. 99
Monsieur,
J'ai loué votre appartement à Nice du 10 au 20 juillet. L'annonce indiquait que l'appartement était au troisième étage mais il était au sixième étage sans ascenseur. Quand je suis arrivé, l'appartement était sale. J'ai passé deux jours à faire le ménage. Ce n'est pas normal ! Les voisins ont fait du bruit tous les soirs, c'était insupportable ! Je n'ai pas pu me reposer ! En plus, vous faites payez une caution de 300 euros à l'arrivée, c'est vraiment n'importe quoi ! Je vais déconseiller votre logement sur le site.
Cordialement,
Magali Hernoult

PRODUCTION ORALE .... p. 99
Propositions de corrigé :
Partie 1 :
Bonjour. Je m'appelle Jordan. J'ai 20 ans. Je suis étudiant en économie. Il y a quatre membres dans ma famille : mon père, ma mère, ma sœur et moi. J'aime le basket et le dessin. J'aimerais étudier en France et découvrir la culture française.

Partie 2 :
Sujet 1 :
J'aime beaucoup rendre service. J'aide souvent ma mère à faire la cuisine et mon père pour faire le jardin. Parfois, j'aide ma sœur à faire ses devoirs. À l'université, je participe aux activités pour rénover le campus. Je fais partie d'une association pour protéger les animaux.

Sujet 2 :
J'ai un studio de 33 m². Ce n'est pas très grand mais c'est très lumineux. La cuisine est petite mais pratique. J'aimerais bien le repeindre avec des couleurs gaies. Je voudrais aussi changer la salle de bains. Il y a une baignoire mais je voudrais avoir une douche.

Partie 3 :
Sujet 1 :
– Bonjour Jordan !
– Bonjour Juliette ! Tu vas bien ?
– Oui, et toi ?
– Oui, vraiment ! Je viens d'hériter d'un oncle en Amérique.
– Ah bon ? Et c'est un bel héritage ?
– Oui ! Il m'a laissé sa maison à Miami et sa voiture.
– Comment tu as su pour l'héritage ?
– En fait, c'est un détective qui m'a contacté. Je suis allé aux États-Unis donc j'ai demandé un visa à l'ambassade et je suis parti.
– Et tu as rencontré le détective ?
– Oui. Ensuite, il m'a emmené chez le notaire et le notaire a lu le testament. J'ai montré mon passeport, j'ai signé des papiers et après quelques jours, j'ai reçu les clés. Maintenant, je peux facilement voyager aux États-Unis !

Sujet 2 :
– Bonjour, je peux vous aider ?
– Oui, je cherche un appartement avec deux chambres.
– Oui, dans quel quartier ?
– Dans le centre-ville.
– À quel étage ?
– Plutôt le dernier étage, avec ascenseur.
– Vous voulez un balcon ? une place de parking ?
– Non, je n'ai pas de voiture mais un balcon, c'est pratique. Je voudrais surtout un salon lumineux.
– D'accord. Je vous contacte si je trouve un appartement qui correspond à vos besoins.

Transcriptions

Unité 1

▶ Piste 2 Activité 1 .... p. 4
– Allô ?
– JOYEUX ANNIVERSAIRE, Mathis !
– Merci, Lucas, c'est sympa !
– Alors, cette journée ?
– Super ! Les filles ont préparé une surprise pour le déjeuner : elles ont invité ma sœur et mes parents. Et elles ont fait un gros gâteau d'anniversaire.
– Oh, elles sont trop mignonnes…
– Oui, je sais !
– C'est toujours d'accord pour ce soir ?
– Oui, bien sûr. Tu as réservé un resto ?
– Oui, je passe te prendre à 20 h. Ok ?
– Ok, ça marche. À tout à l'heure.

▶ Piste 3 Activité 2b .... p. 4
– Alors, tu as acheté quoi finalement pour papa ?
– Rien !
– Mais pourquoi ? Tu n'aimais pas la montre ?
– Si, bien sûr que si ! Mais elle coûtait beaucoup trop cher.
– Ah bon ? Combien ?
– 260 euros… Tu imagines !
– Ah oui… C'est cher. Alors, on fait quoi ?
– Ben, je propose de l'inviter à dîner dans un bon restaurant !
– Oui, bonne idée !

▶ Piste 4 Activité 4 .... p. 5
a. un vêtement
b. un bracelet
c. un événement
d. un bouquet de fleurs
e. un maillot de bain
f. un produit de beauté

▶ Piste 5 Activité 8 .... p. 5
a. C'est quand la fête nationale dans votre pays ?
b. Vous êtes né(e) quand ?
c. Quelle est votre fête préférée ?
d. Vous aimez les fleurs ?
e. Est-ce que vous organisez souvent des soirées avec vos ami(e)s ?

▶ Piste 6 Activité 5 .... p. 7
a. Tu en trouves ?
b. Tu en prends ?
c. Il y en a trop.
d. Il y en a peu.
e. On en a un.
f. On en a onze.

▶ Piste 7 Activité 6 .... p. 7
a. Tu as réservé le restaurant ?
b. Tu as envoyé les invitations ?
c. Tu as acheté les ingrédients ?
d. Tu as fait la réservation ?
e. Tu as compté le nombre d'invités ?
f. Tu as vérifié les quantités ?

▶ Piste 8 Activité 10 .... p. 7
1. Je n'en bois pas beaucoup parce que ça fait grossir.
2. J'en mange tous les jours parce que c'est bon pour la santé.
3. J'en connais un qui est très bien.
4. En général, j'en prends le matin au réveil.
5. J'en fais le week-end parce que j'ai plus de temps.

▶ Piste 9 Activité 4b .... p. 9
– Alors, ce sera quand ?
– Et vous serez combien ?
– Donc, vous souhaitez une soirée-casino. Très bien. Pour le menu, vous préférez un menu avec entrée, plat et dessert ou juste plat et dessert ?
– Est-ce qu'il y aura des végétariens ?
– Parfait ! Vous pourrez m'envoyer la liste des invités ?

▶ Piste 10 J'apprends .... p. 11
Les Français, pour les fêtes de Noël, ont l'habitude de décorer un sapin. Souvent, ce sont les enfants qui mettent des boules et des guirlandes colorées dans le sapin.
Généralement, le 25 décembre, les Français passent Noël en famille. Ils mangent de la dinde, du foie gras et une bûche au chocolat. Ils boivent de bons vins et ils s'offrent des cadeaux.

▶ Piste 11 Phonétique, Activité 1 ... p. 13
a. une trousse de toilette
b. un jeu de cartes
c. un livre de cuisine
d. Tu veux un peu de fromage ?
e. Je veux beaucoup de pâtes !

▶ Piste 12 Exercice 1 .... p. 14
1. Coucou Sophie, toutes mes félicitations. Je viens de recevoir l'invitation… Maxime et toi formez un très joli couple. Je serai présente le 29 juin, évidemment !
2. Bonne année, ma chérie ! Je te souhaite beaucoup de bonheur, d'amour et de réussite !
3. Salut les amis, c'est toujours d'accord pour samedi soir ? Venez vers 20 h et n'oubliez pas d'apporter le vin !
4. Salut Victoire. Dis, tu penseras à moi quand tu souffleras tes bougies, hein ? Bisous bisous !
5. C'est bizarre d'être loin de vous cette année. Ici, pas de bûche au chocolat, pas de foie gras, et même pas de cadeaux sous le sapin ! Je vous embrasse.

▶ Piste 13 Exercice 2 .... p. 14
1. Pour cette recette de crêpes, il vous faudra 250 grammes de farine, 3 œufs, ½ sachet de levure, une pincée de sel et 75 centilitres de lait.
2. Pour faire une bonne raclette avec des amis, c'est simple ! Il vous faut 800 grammes de fromage, 1 kilo de pommes de terre et un assortiment de viande.

Unité 2

▶ Piste 14 Activité 7 .... p. 17
a. « u », eux, heure
b. sœur, su, ceux
c. pleut, pleure, plus
d. jeune, jeu, jus
e. pu, peur, peut
f. veulent, vu, veut

▶ Piste 15 Activité 8 .... p. 17
a. un coiffeur
b. une coiffeuse
c. un chanteur
d. une chanteuse
e. Il est généreux.
f. Elle est généreuse.

▶ Piste 16 Activité 10 .... p. 17
a. C'est une personne qui fait le ménage.
b. C'est une personne qui ne travaille plus.
c. C'est une personne qui travaille dans une usine.
d. C'est une personne qui travaille dans un bureau.
e. C'est une personne qui fait de la chirurgie.

▶ Piste 17 Activité 1b .... p. 19
Je viens d'acheter le livre L'Histoire du métro parisien pour les nuls. Il y a beaucoup d'anecdotes. J'adore !
Sais-tu :
– que le métro parisien existe depuis 1900 ;
– que le métro roule à droite pour être différent du train ;
– que le prix du ticket était de 25 centimes et qu'il coûte aujourd'hui 1,90 euro ;
– qu'il y a 7 stations fermées. On les appelle les stations fantômes. Elles servent au cinéma.
– et que l'ingénieur du métro s'appelle Monsieur Bienvenüe. Voilà pourquoi une station s'appelle Montparnasse-Bienvenüe !

▶ Piste 18 Activité 7 .... p. 19
1. faire le plein
2. appeler les secours
3. mettre sa ceinture
4. faire du covoiturage
5. éteindre son moteur

▶ Piste 19 Activité 8 .... p. 19
a. C'est qui ? – C'est Guy ?
b. votre car – votre gare
c. un quai – un quai
d. 1re classe – 1re classe
e. la gauche – la gauche
f. un camion – un camion

▶ Piste 20 Activité 10 .... p. 19
C'était un mercredi soir, au mois de juin. Je prenais le métro pour aller à une fête d'anniversaire. Le métro s'est arrêté dans le noir. La lumière s'est éteinte. J'ai peur et j'ai crié. Le métro est reparti quelques minutes plus tard. Je suis arrivée en retard à l'anniversaire mais j'ai quand même passé une bonne soirée !

▶ Piste 21 Activité 5a .... p. 21
a. C'est un homme. Il sourit. Il a les cheveux bruns. Il a une moustache et de la barbe. Il porte une chemise bleue.
b. C'est une femme. Elle sourit. Elle a les

cent quinze **115**

cheveux longs et roux. Elle porte des lunettes et du rouge à lèvres.

▶ **Piste 22** **Je respire** p.23
Madeleine Dumont est une femme séduisante. Elle est encore très belle, même si elle va bientôt avoir soixante ans. Ses immenses yeux noirs font penser à ceux d'une jeune biche. Un grand nombre de ses amies jalousent ses magnifiques cheveux châtains. Son appartement est décoré avec goût. Grâce à son mari si attentionné et si incroyablement généreux, elle possède toutes les petites choses nécessaires à son bonheur. Un jour, cependant, elle apporte un costume de son mari au pressing. Sans y penser, elle plonge la main dans la poche droite de la veste et y trouve un petit morceau de papier. Elle lit : « Rendez-vous à la Défense, 16 h 30 ». Aussitôt, elle se sent mal. Elle doit s'asseoir dans un fauteuil. Voyant que ses forces ne reviennent pas, elle se couche. Très vite, elle s'endort. Ses rêves sont remplis de créatures qui rient méchamment. Lorsqu'elle se réveille, elle sait que son existence a basculé. La tranquillité de sa vie bourgeoise vient d'exploser. Un son aigu résonne dans sa tête. C'est seulement après avoir pris une aspirine qu'elle commence à sentir une légère amélioration de son état.

Laure Mi Hyun Croset, *Après la pluie, le beau temps*, « Mondes en VF », éditions Didier, 2016.

▶ **Piste 23** **Phonétique, Activité 1**... p. 25
a. Elle allume le moteur.
b. C'est un réalisateur connu.
c. C'est un agriculteur généreux.
d. C'est un serveur joyeux.
e. Il est jeune et curieux.

▶ **Piste 24** **Phonétique, Activité 2** .. p. 25
a. garagiste
b. car
c. gare
d. quai
e. conduire

▶ **Piste 25** **Exercice 1** .... p. 26
1. Le TGV 3540 à destination de Paris-Montparnasse va partir. Éloignez-vous de la bordure du quai !
2. Mesdames, Messieurs, attachez vos ceintures avant le décollage.
3. Attention à la fermeture des portes automatiques. Prochaine station : Concorde.
4. Bonjour Madame, contrôle du véhicule. Merci de vous garer sur le côté.
5. Mesdames, Messieurs. Le train est actuellement bloqué sur la voie. Veuillez ne pas descendre du train. Nous allons bientôt repartir.

▶ **Piste 26** **Exercice 2** .... p. 26
a. C'est un homme. Il porte une barbe. Il a un pantalon noir et un pull bleu.
b. C'est une femme. Elle a les cheveux longs. Elle porte un sac et une robe jaune.
c. C'est une jeune femme. Elle a une mini-jupe bleue, un tee-shirt rouge, les cheveux blonds.
d. C'est un garçon. Il a une casquette, un vélo, un sac à dos bleu. Il porte un pantalon noir et un pull jaune.
e. C'est un jeune homme. Il porte une casquette rouge, un short noir et des chaussures noires. Il roule en skate.

Unité 3

▶ **Piste 27** **Activité 6** .... p. 29
Et vous, vous écoutez quoi ?
– Moi, j'écoute beaucoup RTL. J'aime bien l'émission *RTL petit matin* qui commence à 4 h 30. Je me lève à 5 h. Alors, je l'écoute pendant 45 minutes environ, le temps de me préparer. C'est très riche en informations.
– Je suis une fan de l'émission *Le téléphone sonne* sur France Inter. J'aime beaucoup le présentateur. Ça dure 40 minutes et c'est tous les soirs. Alors, quand je cuisine, ça me permet de connaître les sujets d'actualité.
– Moi, j'écoute la radio, le soir, tard. J'aime beaucoup NRJ. J'écoute de la musique pendant que je travaille ou que je lis un livre. Ça peut durer des heures ! Je n'ai pas d'émission préférée.

▶ **Piste 28** **Activité 7** .... p. 29
a. fou, faux, fort
b. dort, dos, doux
c. mot, mou, mort
d. nous, notre, nos
e. votre, vous, vos
f. court, corps, cause

▶ **Piste 29** **Activité 8a** .... p. 29
a. une information
b. une info
c. s'abonner
d. un abonnement
e. Il est drôle.
f. un internaute

▶ **Piste 30** **Activité 9** .... p. 29
1. Vous écoutez la radio ?
2. Quelle est votre radio préférée ?
3. Vous aimez quelle émission ?
4. Vous écoutez la radio à quelle heure ?
5. Dans quel lieu est-ce que vous écoutez la radio généralement ?

▶ **Piste 31** **Activité 1b** .... p. 30
Quelle est la première chose que vous faites quand vous vous réveillez ? Est-ce que vous consultez votre téléphone ? Oui ? Alors, vous n'êtes pas seuls ! 48 % des 18-34 ans sont comme vous. Nous sommes en moyenne inscrits à trois réseaux sociaux que nous consultons minimum 14 fois par jour. Nous passons plus de deux heures par jour sur les réseaux !
Mais comment arrêter ? Beaucoup disent qu'il faut fixer des règles strictes : pas de téléphone à table, pas de téléphone après 21 h, et pas de téléphone quand on parle avec ses amis… allez, on essaye ?

▶ **Piste 32** **Activité 2** .... p. 30
J'ai quitté Facebook un dimanche soir. Je m'en souviens bien ! Je passais mes journées dessus. Aujourd'hui, je suis abonné à LinkedIn et à Twitter mais c'est surtout pour mon travail. Je suis bibliothécaire : je suis abonné à des listes pour suivre les actualités des autres bibliothèques.

▶ **Piste 33** **Activité 8** .... p. 31
a. ma, moi
b. ta, toi
c. lit, lui
d. toi, tua
e. lui, Louis
f. social, social

▶ **Piste 34** **Activité 5a** .... p. 33
a. Êtes-vous abonné à Netflix ?
b. Combien coûte votre abonnement ?
c. Quel genre de série regardez-vous ?
d. À quelle heure regardez-vous des séries ?
e. Quelle série préférez-vous ? Pourquoi ?

▶ **Piste 35** **Phonétique, Activité 1** .. p. 37
a. un épisode
b. un documentaire
c. une notification
d. Abonnez-vous !
e. un texto

▶ **Piste 36** **Phonétique, Activité 2** .. p. 37
a. la radio
b. une émission
c. un tweet
d. une actualité
e. recevoir un message

▶ **Piste 37** **Exercice 1** .... p. 38
1. Envie d'un nouveau forfait téléphone ? Jusqu'à la fin du mois, vous pouvez économiser 22 % sur les derniers smartphones.
2. Je me trouve maintenant devant les marches du festival. Les stars du monde entier vont bientôt arriver.
3. Bienvenue dans le *Journal en français facile* : au sommaire, accident d'avion du joueur de football nantais, rendez-vous des chefs d'État à Paris, et une météo pluvieuse !
4. Plus que 30 secondes pour gagner les 1 000 euros… composez le 16 24, hashtag jeu de l'été.
5. Marion Cotillard, je vous remercie d'être venue. Vous jouez dans un nouveau film. Que pensez-vous de votre personnage ?

▶ **Piste 38** **Exercice 2** .... p. 38
Ils passent plus de trois heures par jour sur les écrans. Ils adorent leur téléphone et ont du mal à déconnecter. Ils ont entre 13 et 19 ans. Ils sont venus parler de leur relation avec leur smartphone et les réseaux sociaux. Ils sont cinq. Il y a Mathias, 13 ans ; Eva, 15 ans ; Anna, 16 ans, Malid, 18 ans et Basile, 19 ans. Bienvenue dans notre rendez-vous hebdomadaire de notre émission *Au bout du fil*.

Unité 4

▶ **Piste 39** **Activité 1a** .... p. 40
– Bonjour à tous, aujourd'hui nous découvrons le portrait de Leila, qui est cheffe de son restaurant à Genève, et qui nous parle de son parcours.
– Bonjour, je m'appelle Leila et je suis propriétaire de mon restaurant

depuis cinq ans. La cuisine, c'est une passion : j'ai commencé quand j'étais toute petite, dans la cuisine de mes parents. J'étais très curieuse et je voulais toujours apprendre. Alors j'ai choisi de faire un baccalauréat professionnel en restauration. J'ai eu mon diplôme et après ça, j'ai eu la chance d'aller suivre des cours dans une grande école de cuisine, où le chef m'a appris à faire des recettes gastronomiques. C'est la cuisine que je fais dans mon restaurant aujourd'hui.

Piste 40 Activité 5 .... p. 41
a. Il est organisé.
b. Elle est efficace.
c. un métier incroyable
d. un examen ennuyeux
e. un boulot intéressant
f. une université internationale

Piste 41 Activité 6 .... p. 41
a. J'ai passé un examen.
b. J'ai démissionné en 2019.
c. J'ai créé une compagnie.
d. Tu as eu un diplôme ?
e. Tu as étudié à l'université ?
f. Tu as passé un entretien ?

Piste 42 Activité 9 .... p. 41
Léa est contente parce qu'elle a obtenu son diplôme. Elle a dû beaucoup travailler et faire beaucoup d'efforts. En même temps, elle a appris des choses essentielles pour son avenir.

Piste 43 Activité 5 .... p. 43
a. collaborer
b. un salarié
c. un employeur
d. un commercial
e. un leader
f. les horaires

Piste 44 Activité 6 .... p. 43
a. un professeur - un personnage
b. une caractéristique - un recrutement
c. un commercial - une fondatrice
d. une difficulté - un entretien
e. Il est réfléchi. - Il est coopératif.
f. Elle est organisée. - Elle est en retrait.

Piste 45 Activité 7 .... p. 43
On a rencontré tous les candidats et on leur a posé la même question : « Quelle est votre qualité principale ? » Ils nous ont répondu sans hésitation. Un candidat nous a dit qu'il était optimiste et curieux. Ce sont ces qualités qu'on cherche. On lui a annoncé qu'il avait le poste !

Piste 46 Activité 9 .... p. 43
a. Vous êtes doué(e) en quoi ?
b. Qu'est-ce que vous ne savez pas faire ?
c. Qu'est-ce que vous prenez du temps à faire ?
d. Qu'est-ce que vous aimeriez changer dans votre façon de fonctionner ?

Piste 47 J'apprends, Activité a ... p. 47
En 2006, je suis partie au Québec. J'ai travaillé à Montréal pendant dix ans. J'étais employée aux ressources humaines dans une grande entreprise, mais c'était un travail fatigant. Alors, il y a trois ans, je suis rentrée en Suisse et j'ai commencé une formation pour être institutrice. Je travaille maintenant dans une école primaire depuis trois mois.

Piste 48 Phonétique, Activité 1 ... p. 49
a. Elle est coopérative.
b. Il travaille dans un théâtre.
c. Elle est créative.
d. J'ai eu mon examen !
e. C'est un projet intéressant !

Piste 49 Phonétique, Activité 2 ... p. 49
a. un diplôme
b. un travail
c. un entretien
d. un employé
e. un entrepreneur

Piste 50 Exercice 1 .... p. 50
1. Mamie, c'est Hamza. Je t'appelle pour te dire que j'ai eu mon master ! Ça y est, après cinq années à l'université, j'ai terminé ! On va fêter ça demain soir, tu peux venir ?
2. Bonjour Marc, je t'appelle pour te donner des nouvelles. J'ai obtenu un poste à Toulouse. Je quitte Paris pour aller habiter dans ta ville ! Rappelle-moi : je vais tout te raconter !
3. Salut Aurélien, c'est Benjamin, ton cousin ! Je voulais te féliciter pour ton projet. C'est super, bravo ! Je te rappelle plus tard !

Piste 51 Exercice 2 .... p. 50
Pour notre entreprise, nous recrutons un responsable commercial.
Nous cherchons une personne qui est capable de bien négocier et qui sait parfaitement s'organiser. Vous travaillerez avec une équipe de cinq personnes, vous devez donc savoir coopérer, écouter et diriger une équipe.

Unité 5

Piste 52 Activité 4 .... p. 53
a. un documentaire animalier
b. un film autobiographique
c. un réalisateur allemand
d. un paysage incroyable
e. une expérience exceptionnelle
f. un décor impressionnant

Piste 53 Activité 5 .... p. 53
a. Je suis un voyageur organisé.
b. Je suis un réalisateur inventif.
c. Je suis patiente et curieuse.
d. Je suis maniaque et têtu.
e. Elle est curieuse et impatiente.
f. Il est sociable et souriant.

Piste 54 Activité 8 .... p. 53
a. Quel est votre plus grande qualité ?
b. Quel est votre pire défaut en voyage ?
c. Quel type de voyage vous préférez ?
d. Quel type de voyageur êtes-vous ?

Piste 55 Activité 1 .... p. 54
Vraiment, vous avez besoin de vacances mais vos copines ne sont pas disponibles ? Partez avec Copines de voyage ! Vous pourrez rencontrer de nouvelles amies et découvrir des voyages uniques !

TRANSCRIPTIONS

Piste 56 Activité 9 .... p. 55
a. choix – joie
b. chez – chez
c. boucher – bouger
d. voyage – voyage
e. partage – par tâche
f. échange - échange

Piste 57 Activité 10a .... p. 55
a. un budget – un voyageur – un étranger – un globe-trotter
b. un séjour – la jeunesse – un jardin – un guide touristique
c. une agence – un congé – un bungalow – un gîte
d. séjourner – organiser – programmer – gagner
e. chronométrer – acheter – choisir – chômer

Piste 58 Activité 7 .... p. 57
a. Vous vous inscrivez à quelle discipline ?
b. Dans quelle catégorie ?
c. Vous avez déjà remporté une médaille ?
d. Est-ce que quelqu'un vous accompagne ?

Piste 59 J'apprends, Activité b ...... p. 59
Tu pars faire le tour du monde en vélo ? Mais c'est génial ! J'adore cette idée ! Tu pars quand ? La semaine prochaine ? Non, c'est pas vrai ! T'es complètement fou !

Piste 60 Phonétique, Activité 1 ...... p. 61
a. C'est un athlète anglais.
b. C'est un voyageur organisé.
c. Tu fais du tourisme écologique ?
d. La nature est exceptionnelle !
e. J'ai découvert un nouvel endroit.

Piste 61 Phonétique, Activité 2 ...... p. 61
a. échanger avec les habitants
b. un paysage magnifique
c. choisir une auberge
d. un voyageur solitaire
e. partager une culture

Piste 62 Compréhension de l'oral
Exercice 1 .... p. 62
Message 1 : Mesdames, messieurs, nous vous informons que le train n°1342 prévu à 14 h 53 en provenance de Paris et à destination de Nantes est annulé. Les voyageurs sont invités à se rendre au guichet pour échanger leur billet.
Message 2 : Mesdames, messieurs, nous vous informons que le vol A455 à destination de Pointe-à-Pitre est retardé. Nous invitons les passagers à attendre dans le Terminal C.

Piste 63 Compréhension de l'oral
Exercice 2 .... p. 62
– Bonjour Julie. Alors, vous vivez au Brésil depuis 2017 parce qu'un jour, votre mari vous propose d'aller habiter là-bas. Quelle a été votre réaction ? Enthousiaste ? Surprise ?
– Oui, sur le moment, je croyais qu'on partait en vacances, alors j'étais contente ! Et j'ai compris qu'on proposait à mon mari de travailler au Brésil et donc qu'on allait s'installer au Brésil. J'étais très surprise, choquée, même ! C'était ma

première expatriation, et j'avais peur de ne rien avoir à faire… Lui allait travailler, et moi je ne savais pas ce que j'allais faire. Mais j'avais besoin d'une pause dans mon travail. Alors, c'était l'occasion de faire autre chose, de découvrir la culture, d'apprendre la langue, de prendre du temps pour ma famille. Donc, c'était un mélange de grand bonheur et d'énorme stress !

Unité 6

Piste 64 Activité 2 .... p. 64
1. Hum, j'adore le parfum de ces fleurs, ça sent bon !
2. Écoute, c'est quoi ce bruit étrange ?
3. Quel paysage magnifique !
4. Ce plat est bien épicé, c'est très bon !
5. J'adore sentir le sable sous mes pieds à la plage.

Piste 65 Activité 4 .... p. 65
a. Quelle tristesse !
b. Quelle surprise !
c. Quelle déception…
d. Un concert de jazz
e. La musique classique
f. Une tarte délicieuse

Piste 66 Activité 1 .... p. 66
– On a testé pour vous le festival de musique Rock en Seine. Julie et Antoine, vous y êtes allés ce week-end, c'était comment ?
– C'était extraordinaire ! On a écouté plusieurs concerts et tous les groupes ont fait de belles performances sur scène. Dans certains festivals, le son n'est pas très bon mais là c'était très professionnel. Et puis j'ai trouvé ça génial d'écouter ces musiciens avec des milliers de personnes. Je ne suis pas déçue de cette expérience. Pour moi c'est un des meilleurs festivals en France.
– Oui, je suis d'accord. Mais pour moi, c'était vraiment décevant d'être très loin de la scène et des musiciens. À mon avis, c'est un bon festival mais il faut arriver tôt pour bien profiter de l'expérience.

Piste 67 Activité 3 .... p. 66
a. J'ai visité les machines de l'Île à Nantes et j'ai trouvé ça génial !
b. Je n'ai pas vraiment aimé ce musée.
c. Bof, je n'ai pas trouvé ce film passionnant.
d. Je suis un peu déçu par le spectacle.
e. À mon avis, c'est sa meilleure pièce de théâtre !

Piste 68 Activité 5 .... p. 67
a. Tu veux lesquel(le)s ?
b. Tu veux laquelle ?
c. Tu veux lequel ?

Piste 69 Activité 6a .... p. 67
a. précisément
b. suffisamment
c. calmement
d. récemment
e. profondément
f. attentivement

Piste 70 Je respire .... p. 71
Bruits d'oiseaux

Piste 71 Phonétique, Activité 1 ...... p. 73
a. poisson
b. cousin
c. treize
d. dessert
e. ils ont

Piste 72 Phonétique, Activité 2 ...... p. 73
a. odorat
b. toucher
c. génial
d. délicat
e. regarder

Piste 73 Compréhension de l'oral Exercice 1 .... p. 74
Mesdames, Messieurs, nous vous informons que notre musée va fermer ses portes dans 30 minutes. Veuillez penser à déposer votre audioguide au guichet situé à côté de l'escalier principal. N'oubliez pas de récupérer vos affaires dans les casiers avant de quitter le musée. Ouverture des portes demain à 8 heures.

Piste 74 Compréhension de l'oral Exercice 2 .... p. 74
Sortie culture
Mesdames et messieurs bonjour ! C'est parti, c'est le début de la 40e édition du Festival International de Jazz à Montréal. Pour son 40e anniversaire, le festival va cette année se produire dans toute la ville de Montréal ! Du 27 juin au 6 juillet, vous aurez le plaisir de regarder et d'écouter plus de 3 000 artistes dans les rues de la ville ! En plus des concerts, de nombreux événements seront organisés dans la ville. Vous pouvez consulter toutes les informations sur l'événement sur le site montrealjazzfest.com

Unité 7

Piste 75 Activité 4 .... p. 77
a. De jolis accessoires.
b. Un petit éventail.
c. Elles évoluent.
d. Il s'en inspire.
e. Ils innovent.

Piste 76 Activité 5 .... p. 77
a. Il y a des évolutions importantes dans la mode.
b. Il y a de grandes évolutions dans la mode.
c. Les stylistes innovent avec plusieurs accessoires.
d. Ils innovent avec beaucoup d'accessoires.

Piste 77 Activité 4 .... p. 79
– Salut Samuel ! Ça fait longtemps ! Comment vont tes enfants ?
– Bien, ils ont 4 et 6 ans maintenant.
– Oh la la ! Ils ont bien grandi !
– Et Paul ?
– Il est devenu écrivain !
– C'est vrai ? Je me rappelle quand je lui ai offert le stylo plume.
– Oui, eh bien, il s'en sert toujours ! Il a toujours aimé écrire… Et il a créé un blog aussi. Attends, je te donne l'adresse !

Piste 78 Activité 5 .... p. 79
a. un défilé
b. un styliste
c. une création
d. moderne
e. original

Piste 79 Activité 7 .... p. 79
a. J'ai fait un test ADN parce que je voulais retrouver mon père.
b. Je voulais retrouver mon père. Donc, j'ai fait un test ADN.
c. J'adore la mode. C'est pourquoi je suis devenue styliste.
d. J'adorais la mode. Alors, j'ai fait une école de stylisme.

Piste 80 Je respire .... p. 83
Il était une fois deux frères qui jouaient à la maison. Un jour, ils ont découvert un coffre rempli d'objets de famille et une carte de 1910 qui représentait le chemin de l'Espagne vers la France.

Piste 81 Phonétique, Activité 1 ...... p. 85
a. C'est un grand artiste.
b. Ils ont retrouvé leur famille.
c. Tu as rapporté quelques objets ?
d. Elle y trouve son inspiration.
e. Elles en proposent plusieurs.

Piste 82 Phonétique, Activité 2 ...... p. 85
a. moderne
b. classique
c. original
d. traditionnel
e. coloré

Piste 83 Compréhension de l'oral, p. 86
– Aujourd'hui, nous replongeons dans le passé à la recherche des mémoires familiales. Connaître, comprendre, transmettre l'histoire des grands-parents, des arrière-grands-parents, c'est important ! Selon le sondage de Généalogie.com, 87 % des Français sont intéressés par la généalogie. Jean-Louis Beaucarnot, vous êtes généalogiste. Généalogiste, alors, c'est un vrai métier ?
– C'est d'abord une passion. C'est un jeu, un challenge de rechercher les origines de quelqu'un, de retrouver ses ancêtres.
– On va en reparler. Mais d'abord, écoutons les messages de nos auditeurs. On commence avec Mamadou, qui est à Bamako, au Mali. « C'est très important pour moi de raconter l'histoire de nos ancêtres. C'est un moyen de transmettre à la nouvelle génération notre héritage. » Paul, à Marseille, en France. « Moi, j'ai grandi dans une famille où on ne dit pas tout aux enfants. Mais tout ce qu'on me dit, je l'écris. »
Et Pascal, qui est à Kinshasa, en République démocratique du Congo.
« J'ai 29 ans, mais j'ignore encore comment s'appelaient mes grands-parents. Mes parents sont morts et ils ne m'en ont pas parlé. Moi, je ferai un effort pour que mes enfants n'oublient jamais la mémoire de leur famille. »

TRANSCRIPTIONS

Unité 8

Piste 84 Activité 1 .... p. 88
1. Moi, je vais chaque semaine aux Restos du cœur. Je range les aliments et je les compte pour savoir si nous en avons assez.
2. Pour mon service civique, j'ai travaillé pour une association aux Antilles. On devait créer des documents et des expositions pour sensibiliser les touristes à la protection de l'environnement.
3. Pendant l'été, j'ai travaillé à Paris dans un restaurant. Le patron fait partie des « carillons ». Sur le restaurant, il y avait une affiche avec les services proposés : utiliser les toilettes, réchauffer un plat. Parfois un SDF entrait et on lui rendait service.
4. Moi, je ne fais pas partie d'une association. Je rends service dans mon immeuble. Je porte les courses de ma voisine, par exemple. Elle a 82 ans ! J'aide aussi mes voisins du troisième étage. Je garde leur chat pendant les vacances.

Piste 85 Activité 6 .... p. 89
a. tout – doux
b. toit – toit
c. honte – ondes
d. touche – douche
e. été – aider
f. habiter – habiter

Piste 86 Activité 4 .... p. 91
– Ça y est ! On a fini les travaux !
– Super ! Alors, qu'est-ce que vous avez changé finalement ?
– D'abord, on a agrandi et isolé les fenêtres. Ensuite, on a repeint les murs en blanc. C'est beaucoup plus lumineux. On a mis des ampoules basse consommation et on a enlevé le chauffage électrique. Et puis, on a tout réaménagé ! Finis les deux fauteuils au milieu du salon ! On les a remplacés par un grand canapé sous l'escalier.

Piste 87 Activité 5 .... p. 91
a. forte
b. bain
c. volet
d. chauffe
e. fenêtre
f. il part bien

Piste 88 Activité 6 .... p. 91
a. Il propose ses services.
b. Elle fait des travaux.
c. Tu fais ton service civique ?
d. Tu peux fermer les volets ?
e. C'est le propriétaire de l'immeuble.
f. Tu as un canapé convertible ?

Piste 89 Phonétique, Activité 1 ...... p. 97
a. Il est volontaire.
b. Un beau partenariat.
c. Il lui a ouvert sa porte.
d. Elle l'aide gracieusement.
e. Ça vous donne accès à des droits.

Piste 90 Compréhension de l'oral .... p. 98
– Odette, vous êtes engagée dans une association depuis bientôt 25 ans. Est-ce que vous pouvez nous expliquer ce que vous faites et pourquoi vous le faites ?
– Oui… Je suis bénévole à la croix-rouge. En fait, je suis à la retraite mais avant j'étais infirmière et la croix-rouge, ça me permet de rester active.
– Et qu'est-ce que vous faites exactement ?
– Je participe aux soins, par exemple, pour des événements sportifs, des compétitions ou pour des festivals.
– Et vous avez beaucoup de travail ?
– Ça dépend… En général, il y a beaucoup de petits incidents. Parfois, c'est plus grave mais c'est plus rare. Mais on fait aussi de la distribution alimentaire. On donne de la nourriture à des personnes dans le besoin. On peut aussi organiser des activités pour informer les gens, surtout les jeunes. On le fait souvent dans les universités.
– Quelles sont les qualités nécessaires pour être bénévole à la croix-rouge ?
– Il faut être passionné et patient. Il faut avoir envie de rencontrer les gens et être à l'écoute.
– Pourquoi vous avez choisi la croix-rouge ?
– La croix-rouge… c'est proche de mon ancien travail… Je trouve que c'est vraiment utile et on rencontre des gens très différents !

Références des images

4 SolisImages/Adobe Stock, **6** (11) andriigorulko/Adobe Stock, **6** (5) baibaz/Adobe Stock, **6** (6) New Afric/Adobe Stock, **6** (3) Brad Pict/Adobe Stock, **6** (7) margo555/Adobe Stock, **6** (4) Mara Zemgaliete/Adobe Stock, **6** (13) ExQuisine/Adobe Stock, **6** (1) sommai/Adobe Stock, **6** (12) imagineilona/Adobe Stock, **6** (8) alter_photo/Adobe Stock, **6** (9) margo555/Adobe Stock, **6** (10) David Cabrera Navarro/123rf, **6** (2) alexlukin/Adobe Stock, **6** (14) Birgit Reitz-Hofmann/Adobe Stock, **8** (hd) Pannonia/Istock, **8** (mg) giannip/Adobe Stock, **10** nlshop1/123rf, **11** (mg) AleksandarNakic/Istock, **11** (bg) FomaA/Adobe Stock, **13** (a) vxnaghiyev/Adobe Stock, **13** (b) RealVector/Adobe Stock, **13** (d) Konovalov Pavel/Adobe Stock, **13** (c) Maksim/Adobe Stock, **13** (e) sljubisa/Adobe Stock, **15** Alliance Française Bruxelles-Europe, **16, 101** © Smiile, 2019, **17** Kurhan/Adobe Stock, **18** « © First Éditions, une marque d'Édi8, Paris, 2017. Pour les Nuls est une marque déposée de John Wiley & Sons, Inc. For Dummies est une marque déposée de John Wiley & Sons, Inc. », **19** (h) SimpLine/Adobe Stock, **19** (7a, 7d) jamesbin/Adobe Stock, **19** (7b) Francois Poirier/Adobe Stock, **19** (7c) branchecarica/Adobe Stock, **19** (7e) iukhym_vova/Adobe Stock, **19** (9a) RATP, https://www.carte-familles-nombreuses.fr/partenaires/ratp/, **21** (1) Rostislav Sedlacek/Adobe Stock, **21** (2) Drobot Dean/Adobe Stock, **21** (3) Rene/Adobe Stock, **21** (4) contrastwerkstatt/Adobe Stock, **21** (5) Jacob Lund/Adobe Stock, **21** (6) F8studio/Adobe Stock, **21** (7) spaxiax/Adobe Stock, **21** (8) Tijana/Adobe Stock, **21** (9) Rido/Adobe Stock, **21** (10) Damir/Adobe Stock, **22** (mg) jemastock/Istock, **22** (bg) pixelliebe/Adobe Stock, **23** (h) nlshop1/123rf, **23** (m) Editions Laribière, **23** (22a) kate_sept2004/Istock, **23** (22b) kate_sept2004/Istock, **23** (22c) mimagephotos/Adobe Stock, **23** (22d) artmim/Adobe Stock, **25** GoodStudio/Shutterstock, **26** (ma) kasto/Adobe Stock, **26** (mb) Jacques Loic / Photononstop, **26** (mc) Alain Le Bot / Photononstop, **26** (md) Sean Prior/Wavebreak Media / Photononstop, **26** (me) Dmitry Vereshchagin/Adobe Stock, **26, 103** (b) GoodStudio/Shutterstock, **27** (mg) ivolodina/Adobe Stock, **27** (h) BlaBlaCar, **28** (h) Télérama © Successió Miró / Adagp, Paris, 2019, **29** Le Parisien, **30** Jiw Ingka/Shutterstock, **31** (hg) YaniSinla/Shutterstock, **31** (hhd) rvlsoft/Shutterstock, **31** (hmc, hmd) yamonstro/Adobe Stock, **32** « Philarmonia », 2018, saison 1 avec Lina El Arabi, Collection Christophel © Merlin productions/France TV, **34** (b) Agung Adi Putra Parandika/Shutterstock/Marie-Noëlle Cocton, **34** (h) Radio France, **34** (h) France Média Monde (RFI, Fance 24), **34** (h) TV5 Monde, **34** (h) Radio Canada, **34** (h) RTS, **35** « Osmosis », saison 1, serie TV créé par Audrey Fouche, 2019, Collection Christophel © Netflix - Capa Drama, **36** andegro4ka/123RF, **37** (3b) Vitya_M/Adobe Stock, **37** (3a, 3d) Iurii Timashov/123rf, **37** (3c, 3e) lightvisionftb/123rf, **38** Télé-Loisirs, **40** zenon/Shutterstock, **42** (3a) gorinov/Adobe Stock, **42** (3b) andrys lukowski/Adobe Stock, **42** (3c) anzebizjan/Adobe Stock, **42** (3d) Vadim Guzhva/123rf, **42** (hd) David Morganti/SIPA/Orange, **43** BillionPhotos.com/Adobe Stock, **44** nd3000/Shutterstock, **46** fotohansel/Adobe Stock, **47** (c) Good Studio/Adobe Stock, **47** (bd, hg) nlshop1/123rf, **48** (5a, b) T. Michel/Adobe Stock, **48** (5c) iMAGINE/Adobe Stock, **48** (5d)nexusby/Adobe Stock, **48** (5e) blattwerkstatt/Adobe Stock, **52** (hg) sebra/AdobeStock, **52** (hmg) Oleksandr Nebrat/123RF, **52** (hmd) Viacheslav Lopatin/123RF, **52** (hd) leszekglasner/AdobeStock, **53** slavemotion/Istock, **54** osame/AdobeStock, **55** Solovyova/Istock, **56** miodrag ignjatovic/IStock, **58** (hd) Mirko/AdobeStock, **58** (hg) Vectorios2016/Istock, **59** (hg, mg) nlshop1/123RF, **59** (b) pop_jop/Istock, **64** happyvector071/AdobeStock, **66** (hd) gilaxia/iStock, **66** (bg) VectorMine/AdobeStock, **66** (bd) Brad Pict/AdobeStock, **68** Benjavisa/AdobeStock, **69** dlyastokiv/AdobeStock, **70** happyvector071/AdobeStock, **71** (mg) nlshop1/123RF, **71** (bg) Arcachonphoto.com/AdobeStock, **71** (bm) kasto/AdobeStock, **71** (bd) phil35m/AdobeStock, **71** (mm) Andrea/AdobeStock, **71, 118** (piste 70) © Universal-Soundbank, **73** (bd) NLshop/AdobeStock, **76** (1) Rostislav Sedlacek/Istock, **76** (2) annebaek/Istock, **76** (3) Popartic/Istock, **76** (2a) pokki/AdobeStock, **76** (2b) ralwel/AdobeStock, **76** (2c) Dodeskaden/Istock, **76** (2d) angelha/AdobeStock, **78** ©2018, SND. SILENZIO Photos : Céline Nieszawer – David Koskas, **79** (4) Geneanet, **79** (9) IvanJekic/Istock, **80** Affiche de l'exposition « Objets privés, histoires partagées », Écomusée du Val de Bièvre, 2018 © EPT Grand-Orly Seine Bièvre - Photos © Umberto Appa, **81** (2f) exopixel/AdobeStock, **81** (5) bombuscreative/Istock, **81** (2a) clubfoto/Istock, **81** (2b) Madzia71/Istock, **81** (2c) aluxum/Istock, **81** (2d) Kanmu/Istock, **81** (2e) ROMAOSLO/Istock, **81** (4) mattjeacock/Istock, **82** (hg) Jacob Lund/AdobeStock, **82** (mm) filadendron/Istock, **82** (mg) Kiuikson/Istock, **82** (hd) M.studio/AdobeStock, **82** (hm) GeraKTV/AdobeStock, **83** (hg) nlshop1/123RF, **83** (mg) BillionPhotos.com/AdobeStock, **83** (bd) Sergej Razvodovskij/AdobeStock, **85** (mc) wastesoul/AdobeStock, **85** (mg) photobyphotoboy/Isock, **85** (mmg) Mykola/AdobeStock, **85** (mmd) Tarzhanova/Shutterstock, **85** (md) vitalily_73/AdobeStock, **88** Africa Studio/AdobeStock, **90** Communauté d'agglomération Seine Eure, **92** olegdudko/123RF, **93** (4a) sumire8/AdobeStock, **93** (4b) DeRepente/Istock, **93** (4c) VadimGuzhva/AdobeStock, **93** (4d) pixdeluxe/Istock, **93** (4e) philippe Devanne/AdobeStock, **93** (4f) Rostislav Sedlacek/AdobeStock, **94** IniziativeEdi/AdobeStock, **95** (hg) nlshop1/123RF, **95** (mg) Master1305/Shutterstock, **95** (bd) yulkapopkova/Istock

DR : Malgré nos efforts, il nous a été impossible de joindre certains photographes ou leurs ayants droit, ainsi que les éditeurs ou leurs ayants droit pour certains documents, afin de solliciter l'autorisation de reproduction, mais nous avons naturellement réservé en notre comptabilité des droits usuels.